VOTRE AVENIR PAR LES TAROTS

Giovanni Sciuto

VOTRE AVENIR PAR LES TAROTS

Méthode simplifiée en 10 étapes

FRANCE LOISIRS
123, Boulevard de Grenelle, Paris

Edition du Club France Loisirs, Paris
avec l'autorisation de Jacques Grancher, éditeur

ISBN: 2-7242-3265-8

A Paul Adams, dont l'initiative et la précieuse documentation permirent la naissance de ce livre.

Nous remercions les établissements Simon et Vilo pour leur aimable autorisation de reproduire les tarots édités et diffusés par leurs soins.

Sommaire

AVANT-PROPOS

— ... Mon cher monsieur, un homme d'âge relativement avancé fait de son mieux pour entraver votre carrière. Il vous a déjà causé quelques ennuis. Vous devez vous attendre à d'autres manigances de sa part. Rassurez-vous, vous allez triompher de cet ennemi. Bientôt, vous aurez une grande satisfaction dans votre travail. Une promotion importante vous attend. Toujours dans votre entourage professionnel, je vois une jeune femme. Elle vous charme. Mais, étant marié, vous devrez affronter un grave dilemme sentimental...

L'ingénieur Henri F., trente-six ans, reconnaît :

— Tout ce que vous venez de dire, madame, semble correspondre à la réalité. Il est vrai que j'ai un ennemi haut placé dans le cadre de mon travail. Il est également exact que je suis épris d'une secrétaire de mon bureau. Vous ne vous êtes pas trompée non plus en disant que j'étais marié.

La cartomancienne ne se montre pas étonnée. Après une hésitation, son consultant ajoute :

— Je vous dois un aveu. Voyez-vous, je suis un scientifique, un « matérialiste ». J'ai toujours méprisé la cartomancie. Je suis venu vous voir à la suite d'un pari, plutôt pour vous mettre à l'épreuve que pour autre chose. Eh bien ! je me vois obligé de reconnaître votre talent et...

En souriant, la cartomancienne l'interrompt :

— Je n'y suis pour rien, moi, mon cher monsieur ! C'est le Tarot qui parle !...

Cette scène se déroula à Grenoble, en janvier 1977. Peu après, malgré l'opposition de l'un des directeurs de la société (« un homme d'âge relativement avancé »), l'ingénieur Henri F. fut nommé chef du service commercial de l'entreprise d'où ce même directeur avait failli l'évincer quelques mois auparavant. Par ailleurs, sa liaison avec une collègue de travail fut découverte par sa femme et faillit provoquer leur divorce...

Désormais, l'ingénieur Henri F. n'entreprend plus rien d'important sans consulter sa « bonne vieille sorcière » dont les prévisions se révélèrent exactes. Ce n'est pas tout. En autodidacte, il s'évertue à assimiler lui-même le langage secret du Tarot.

Si je cite cet exemple d'un sceptique invétéré devenu adepte du Tarot, c'est que, très curieusement, j'en pris connaissance quelques jours à peine après avoir été contacté pour écrire un livre sur les tarots.

Lorsque le cas de l'ingénieur grenoblois me fut relaté, je vis là un « présage favorable ». Peut-être à tort. D'autres auraient pu y voir une simple coïncidence. Le fait est que je me lançai dans ce travail avec ardeur, décidé à mettre l'art de la cartomancie à la portée du grand public.

Ce manuel constitue en effet une sorte de synthèse. Son but : permettre à tous d'assimiler rapidement et sans peine les notions fondamentales de la divination par les tarots.

Les ouvrages spécialisés cités à la fin de ce volume pourront être malgré tout de grande utilité à ceux qui voudraient approfondir les connaissances succinctes offertes ici.

ÉTAPE 1

LES DIFFÉRENTS JEUX DE TAROT. LEQUEL CHOISIR ?

Il est impossible de situer avec exactitude la date à laquelle les tarots commencèrent à être utilisés à des fins divinatoires. Toutefois, en tant que cartes à jouer, il est certain qu'ils ne firent pas leur apparition avant le XIVe siècle.

C'est en 1781 que parut l'ouvrage de Court de Gebelin désignant le Tarot comme un moyen infaillible pour explorer les voies de l'Avenir. Il prétendit que le Tarot reflétait l'héritage ésotérique de la civilisation des Pharaons. Des cartomanciens célèbres de l'époque (Etteilla, etc.) crurent bon de propager cette thèse, mais, à la lumière des recherches scientifiques effectuées depuis, il est à présumer que cette « filiation directe égyptienne » n'exista pas.

Si nous voulons découvrir, coûte que coûte, un lien entre le Tarot et la Haute Antiquité, nous pouvons retenir, à la rigueur, l'hypothèse selon laquelle l'influence de la Kabale serait évidente. Pour leurs oracles, les grands rabbins de Jérusalem faisaient appel, en effet, aux 22 lettres de l'alphabet sacré hébraïque. Le Tarot symbolique comporte justement lui aussi 22 éléments primordiaux : les 22 cartes (ou « lames ») appelées « Arcanes majeurs »*. Les 56 autres cartes (les « Arcanes mineurs ») d'un jeu de Tarot sont considérées par les cartomanciens uniquement en tant que compléments pouvant corroborer ou bien élargir la portée des messages essentiels transmis par les Arcanes majeurs.

Le profane désireux de s'initier aux mystères des tarots doit affronter un premier problème : lequel choisir ? Il en existe en effet plusieurs sortes. Aux reproductions de cartes anciennes s'ajoutent celles de création plus récente. Voilà pourquoi nous devons avant tout passer en revue quelques-uns des tarots actuellement les plus répandus.

« LES TAROTS DES VISCONTI »

Ils virent le jour en Italie du Nord, au cours de la première moitié du XVe siècle. Chacune des cartes est une authentique œuvre d'art, une miniature de la Renaissance. Les originaux sont dispersés dans des musées, mais les reproductions modernes rendent bien leur beauté (ill. 1).

« GRAND ETTEILLA, OU TAROTS ÉGYPTIENS »

Ces 78 cartes connurent une grande popularité aux XVIIIe et XIXe siècles. Elles ne comportent pas uniquement des images, mais également des légendes destinées à faciliter l'interprétation (ill. 2).

« ANCIEN TAROT DE MARSEILLE »

Le modèle original date de la seconde moitié du XVIIIe siècle et est dû à un Marseillais (Fautrier), d'où son nom. L'imagerie polychrome s'inspire du Moyen Age. Ce jeu, comportant

* Le terme « Arcanes » qui veut dire « Mystères » est couramment employé en cartomancie pour désigner des cartes ayant une signification divinatoire déterminée.

(ill. 1)

(ill. 2)

(ill. 3)

78 cartes (22 Arcanes majeurs et 56 Arcanes mineurs), est aujourd'hui le tarot le plus diffusé en France (ill. 3).

(ill. 3 *bis*)

(ill. 4)

« LE TAROT CARDINAL »

Reproduction (en format réduit) des 22 Arcanes majeurs de l'Ancien Tarot de Marseille, il est très pratique, car il peut être utilisé avec des méthodes simplifiées : divinations par 5 ou 14 cartes, etc. (ill. 3 *bis*).

« TAROT ARISTA »

Les 78 Arcanes du Tarot de Marseille sont ici reproduits en monochromie et occupent la partie centrale de chaque carte. Les cadres supérieurs et inférieurs sont réservés à des légendes pouvant faciliter l'interprétation (ill. 4).

R · 200 · le renouvellement 20.
jugement
vertu génératrice de la terre
Le réveil des morts ·
Ne t'endors ni dans la paresse ni dans l'oubli. La roue de la fortune va tourner : tu seras élevé ou précipité
changem. absolu de position amené par un événem. qui tranchera l'indécision
l'avenir
(ill. 5)

« GRAND TAROT DE BELLINE »

Jeu de 78 cartes, conçu et dessiné par Edmond, l'un des devins français les plus réputés du XIXe siècle. Il s'en servit, dit-on, le jour où il eut le privilège d'être consulté par l'empereur Napoléon III (ill. 5).

« ORACLE BELLINE »

Série de 52 cartes conçues et dessinées par le devin Edmond, en 1845 probablement. De même que pour le Grand Tarot de Belline, les lames originales font partie de la collection de cartes du voyant Belline et les reproductions sont vendues avec sa méthode d'interprétation (ill. 6).

(ill. 6)

D'autres tarots sont encore à citer, Petit et Grand Lenormand, entre autres ; ils se trouvent dans le commerce et peuvent être tous utilisés pour la divination.

Je ne veux pas influencer votre choix. Si vous désirez pratiquer la cartomancie, à vous de faire l'acquisition du Tarot semblant le mieux vous convenir. Je signale cependant que le Grand Tarot de Belline est destiné exclusivement aux professionnels, tandis que le Tarot Cardinal, par exemple, convient parfaitement aux débutants.

Ce manuel consacre la plus importante de ses parties à l'ancien Tarot de Marseille. Solution de compromis ? Nullement. Il ne s'agit pas non plus d'un parti pris. Tout simplement, la pratique démontre que ce jeu répond fort bien aux exigences modernes. C'est sans doute la raison pour laquelle, de nos jours, la grande majorité des cartomanciens professionnels l'utilisent systématiquement.

ÉTAPE 2

LE TAROT DE MARSEILLE. HISTORIQUE ET SYMBOLIQUE

(ill. 7)

En 1392, Charles VI, roi de France, fit exécuter une série de 22 cartes à jouer, baptisée par la postérité « Tarot de Charles VI » (ill. 7). Rien ne prouve que le souverain ou bien ses contemporains se servaient de ce Tarot à des fins divinatoires. Les images. apparemment anodines et inspirées, paraît-il, de cartes illustrées du XIIIe siècle destinées aux enfants, contenaient cependant des messages ésotériques : elles se référaient à l'alchimie, à l'astrologie, à la métaphysique, etc. Voici pourquoi leur symbolique allait se révéler d'une utilité primordiale pour les devins des temps modernes.

C'est en effet du Tarot de Charles VI que le Marseillais Fautrier prit modèle au XVIIIe siècle pour créer ce Tarot surnommé de Marseille si apprécié de nos jours dans le monde de la cartomancie.

D'éminents spécialistes (Oswald Wirth, Edmond Delcamp, etc.) se consacrèrent, au XXe siècle, à l'examen approfondi de l'Ancien Tarot, mettant en valeur, parmi d'autres, l'une de ses caractéristiques essentielles : ses références aux pratiques initiatiques médiévales. Lame par lame, les Arcanes majeurs du Tarot de Marseille semblent reconstituer, en effet, les étapes du rituel d'initiation des sociétés secrètes... telles qu'elles survivent encore — ne serait-ce que partiellement et avec quelques modifications — au sein de la franc-maçonnerie moderne.

Avant d'aborder les « significations courantes » attribuées aux Arcanes du Tarot de Marseille, voici donc un aperçu des principaux symboles initiatiques qu'il contient. Familiarisés avec eux, vous pourrez plus aisément saisir le langage divinatoire du Tarot de Marseille.

Arcane I. Le Bateleur (ill. 8)

Symbole de tout commencement, cette première lame des 22 Arcanes majeurs représente à la fois le Créateur (« le Grand Architecte ») et l'Homme. Celui-ci se sert de toute son adresse de prestidigitateur pour assurer sa survie, mais son regard détourné des objets manipulés prouve que ses aspirations dépassent (désormais) les préoccupations purement terrestres.

L'image est donc celle d'un homme qui rechercherait la perfection spirituelle. Ayant déjà appris les premiers mystères de l'ésotérisme, il est devenu un « initié ». Cela résulte, entre autres signes, de la position de ses pieds : ils forment un triangle (ou sont placés « en équerre », selon le terme maçonnique).

Arcane II. La Papesse (ill. 9)

Déesse de la Science (l'Isis des Égypiens, l'Athéna des Grecs, la Minerve des Romains), elle est la gardienne du sanctuaire des « connaissances suprêmes ». Sur ses genoux, le livre ouvert indique que la science au premier degré est à la portée de tous. Pour connaître, en revanche, la « Grande Vérité », l'homme doit franchir le seuil du sanctuaire dont elle barre l'entrée. Seuls les initiés possédant les vertus requises (intégrité, sincérité, etc.) sont dignes d'y être admis.

Arcane III. L'Impératrice (ill. 10)

Nous sommes en présence du symbole de l'Intelligence supérieure, nécessaire à la compréhension des mystères éso-

(ill. 8)

(ill. 9)

(ill. 10)

tériques. Voilà pourquoi l'Impératrice épouse l'aspect d'un personnage ailé, supraterrestre. La nature mystique de l'intelligence dont il s'agit est également démontrée par la croix qui surmonte le globe du sceptre, tandis que l'aigle du blason parle du désir d'élévation devant animer l'initié admis au sanctuaire des Connaissances suprêmes.

Arcane IV. L'Empereur (ill. 11)

Il représente l'ordre et la justice. Ses pieds s'appuient sur le sol, mais son regard se dirige vers le lointain, désignant le but à atteindre : le perfectionnement spirituel, souci primordial de l'initié, qui respecte cependant les règles dictées par les autorités en ce qui concerne sa vie profane.

Arcane V. Le Pape (ill. 12)

Symbole de la sagesse suprême à laquelle doit tendre l'initié lui-même, il personnifie la compréhension et la bonté. Le Pape apporte le salut spirituel aux hommes de bonne volonté (représentés ici par deux ecclésiastiques), les bénissant

(ill. 11)

(ill. 12)

(ill. 13)

avec indulgence (l'homme parfait ne doit pas critiquer, condamner ni combattre son prochain, mais le comprendre, l'aimer et l'aider).

Arcane VI. L'Amoureux (ill. 13)

L'image illustre une étape cruciale du rituel d'initiation : la tentation de la chair. La jeune femme incite l'initié à la suivre au royaume des plaisirs. Elle représente la vie telle que l'entendent la majorité des humains. Son appel s'identifie au credo d'Horace : *Carpe diem !* (Profite du présent !), tandis que la femme plus âgée (celle qui pose la main sur l'épaule de l'Amoureux et qui esquisse un geste persuasif de la main droite) représente l'appel de la spiritualité.

Éros s'apprête à décocher sa flèche. Touché, l'Amoureux (l'initié) suivra l'une des deux femmes. Laquelle ? Son regard tourné vers celle qui se trouve à sa gauche semble nous fixer, dès à présent, sur son choix.

Arcane VII. Le Chariot (ill. 14)

L'initié a choisi. Ayant résisté aux tentations charnelles, il a opté pour la poursuite de la quête de la Lumière.

Le chariot des triomphateurs constitue sa récompense. Cependant, loin d'imiter l'exemple des guerriers et des tyrans de ce monde, il ne brandit pas le glaive mais exhibe le sceptre, symbole d'équité. Animé par l'amour de son prochain, il va parcourir le monde, afin de divulguer la bonne parole.

Arcane VIII. La Justice (ill. 15)

La Justice du Tarot n'a pas les yeux bandés. Elle ne représente pas ce système judiciaire qui, même avant l'invention de l'ordinateur, fonctionnait toujours avec l'aridité d'une machine aveugle. Bien au contraire, elle tourne vers nous des yeux grands ouverts, cherchant plus à nous comprendre qu'à nous juger. Son glaive ne constitue pas une menace, l'emblème du châtiment, mais semble être le symbole de « l'action pénétrante de l'esprit ».

Arcane IX. L'Hermite (ill. 16)

L'Hermite du Tarot personnifie la prudence, la méfiance. Par son exemple, tâtant le sol avant chaque pas, il déconseille toute précipitation. Il semble inviter l'initié à se servir lui aussi d'une lanterne. Pas uniquement pour éclairer son chemin, mais

(ill. 14)

(ill. 15)

(ill. 16)

également pour pouvoir distinguer les personnes rencontrées, pour détecter celles indignes de recevoir le message ésotérique.

Arcane X. La Roue de Fortune (ill. 17)

L'allégorie est claire : imbus de vanité, les humains (représentés par des animaux déguisés) s'efforcent d'atteindre une « stabilité » conférée par la puissance (symbolisée par le monstre trônant sur la plate-forme de la Roue), mais leurs efforts demeurent vains, car, même s'ils parviennent au sommet, prisonniers d'un cycle où alternent les hauts et les bas, ils ne sont jamais à l'abri des caprices de la Fortune.

L'initié, lui, reconnaît la futilité des « honneurs, hauts grades », etc., de ce monde ; il recherche l'équilibre véritable, la stabilité non socialement mais spirituellement.

Arcane XI. La Force (ill. 18)

La femme montrée sur cette lame constitue le symbole de la force spirituelle, de la force du bien. Elle dompte sans peine le lion, personnification de la force brute, de la force du mal.

Cela veut dire que l'homme désireux de concrétiser son élévation spirituelle (l'initié) doit d'abord vaincre ses propres instincts bestiaux grâce à la force de son esprit. Cette première victoire remportée, il pourra mieux se consacrer à son apostolat, utilisant la douceur et la persuasion (jamais les moyens de la force physique) dans sa tentative pour faire triompher le bien autour de lui.

Arcane XII. Le Pendu (ill. 19)

Sur le plan initiatique, deux significations majeures sont attribuées à cette carte.

Premièrement, elle est le symbole de l'initié lui-même qui perd volontairement tout contact avec la terre (ses pieds ne se tournent-ils pas vers le ciel ?), car il sait que la Vérité ne se situe pas ici-bas.

Deuxièmement, l'Arcane XII exprimerait l'idée suivante : l'initié ne doit pas se faire d'illusions, car sa lutte, destinée

(ill. 17)

(ill. 18)

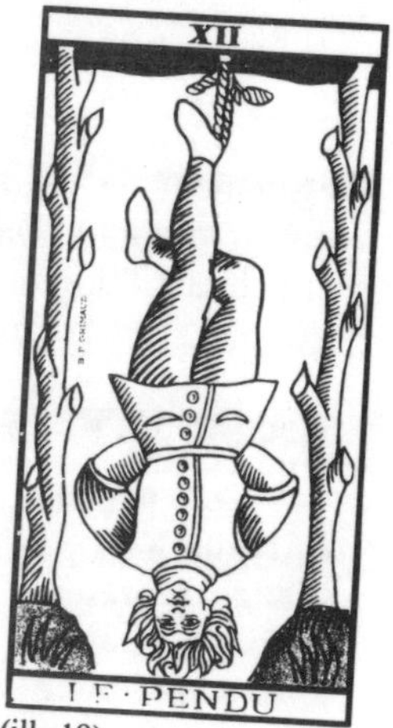

(ill. 19)

à faire triompher le bien, ne serait jamais récompensée dans ce monde. Ayant décidé de ne pas rechercher le bonheur par le truchement de la richesse ou de la puissance, il va s'attirer automatiquement l'hostilité de la majorité des hommes ; il sera persécuté, réduit à l'impuissance. Cette « défaite » ne serait cependant qu'apparente : bien que chassé du « paradis terrestre », l'initié aurait, en échange, le privilège de pouvoir pénétrer dans le « Royaume de la Perfection ». (Les deux arbres encadrant le Pendu symbolisent les colonnes du temple de Salomon, le *nirvana* des sociétés initiatiques.)

Arcane XIII. Sans nom (ill. 20)

Malgré son aspect rebutant, cette lame du Tarot ne communique pas un message négatif. La Mort ici représentée est purement symbolique. Elle correspond à l'une des étapes majeures de tous les rituels d'initiation, depuis l'Antiquité jusqu'à nos jours : l'initié simule la mort afin de souligner la cassure entre sa vie passée et celle à venir. La Mort devient donc synonyme de vie nouvelle, d'un niveau supérieur à la précédente.

Cette métamorphose est indiquée également par les plantes qui naissent des cadavres enterrés, tandis que les deux têtes visibles sur la lame (celles d'une femme et d'un souverain) ne rappellent pas seulement que tous les humains succombent à la mort, quels que soient leur sexe ou leur rang, mais traduisent également ce symbole : la Beauté (la Perfection, dans le sens philosophique) ainsi que la Puissance (celle de l'esprit) sont appelées à l'immortalité.

Arcane XIV. La Tempérance (ill. 21)

Cet Arcane souligne la portée du message donné par l'Arcane XIII : la vie continue... mais sous une forme nouvelle ! L'ange représenté sur la lame transvase de l'eau, symbole de l'énergie vitale de l'initié qui quitte le cadre de son existence antérieure pour accéder à une forme de vie plus élevée, lui permettant de s'épanouir et de connaître la parfaite sérénité.

Arcane XV. Le Diable (ill. 22)

C'est la seconde tentation de l'épreuve initiatique. L'alternative suivante se pose à l'initié : ou bien faire confiance à la perspective d'un bonheur inaltérable dans le monde des idées, ou bien profiter de l'appel de Satan et trouver le bonheur ici-bas.

La couronne d'or et l'attitude même du diable (ailes déployées, il semble dominer le globe terrestre) se réfèrent à la richesse et à la puissance, tandis que d'autres éléments (buste féminin du démon, couple de satyres, etc.) sont en rapport avec la sexualité.

L'initié ne se laisse séduire, évidemment, ni par les attraits du pouvoir et de l'argent ni par les passions charnelles.

Arcane XVI. La Maison-Dieu (ill. 23)

La tour symbolise les aspirations sociales, les ambitions démesurées de l'homme dont l'orgueil et le souci primordial de s'assurer une existence aisée portent les germes de son échec final. Si haut qu'il puisse s'élever, l'arriviste est éjecté de l'abri qu'il croyait invulnérable, et le feu du ciel le précipite à son point de départ...

Moralité : l'initié doit veiller à son perfectionnement spirituel et non à l'accumulation de biens matériels voués à la disparition.

(ill. 20)

(ill. 21)

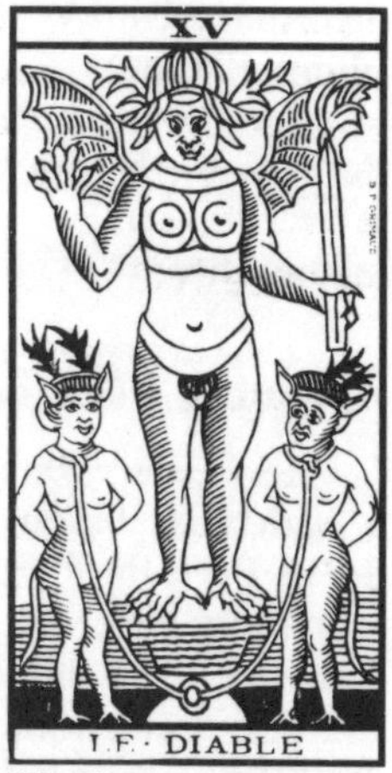

(ill. 22)

(ill. 23)

(ill. 24)

(ill. 25)

Arcane XVII. L'Étoile (ill. 24)

La jeune femme représente l'espoir, l'amour et la vérité. L'acte accompli (l'eau versée dans l'étang, ainsi que sur le sol) traduit l'allégorie suivante : l'esprit humain — qu'il soit stagnant (l'étang) ou aride (le sol) — peut être vivifié grâce à l'énergie céleste (l'ange).

La lame indique donc que l'initié s'approche de la Perfection ; il est guidé par l'espérance, l'amour le tonifie et la vérité éclaire son chemin, trois rayonnements issus du même astre.

Arcane XVIII. La Lune (ill. 25)

La Lune symbolise surtout ici l'imagination dont l'initié a également besoin pour s'avancer vers un pays inconnu (celui de la Perfection spirituelle) dont il ignore encore l'étendue et la nature exactes. Ce pays commence derrière les deux tours (celles-ci semblent constituer les derniers bastions de la « civilisation occidentale », à la lisière du « Désert des Tartares » de Buzzati) et, pour y pénétrer, l'initié doit obligatoirement laisser derrière lui les attaches de son passé (l'écrevisse visible dans le bassin représente l'atavisme, l'impact de l'entourage familial, la conception rétrograde de la vie, etc.). Les deux chiens montrés sur la lame se rapportent aux rivalités, aux luttes intestines et fratricides, aux antagonismes religieux et politiques dont la terre est le théâtre, cette terre que l'initié quitte sans regrets.

Arcane XIX. Le Soleil (ill. 26)

Le Soleil — symbole de la vie psychique — inonde de sa lumière une sorte de terre promise où une humanité nouvelle (celle des initiés) pourra retrouver le « paradis perdu ». L'image du couple fait allusion à l'entente, à l'harmonie totale des êtres humains, utopie pouvant devenir réalité à condition que l'homme donne la priorité à la spiritualité...

Arcane XX. Le Jugement (ill. 27)

L'illustration pourrait faire songer au Jugement dernier, mais, en réalité, elle symbolise l'examen de conscience de l'individu, représenté ici sous un triple aspect : le père (le moi actif), la mère (le moi passif) et le fils (le moi « régénéré » grâce à l'initiation). Autrement dit, l'initié se juge lui-même, il compare sa vie d'avant l'initiation avec sa vie présente.

(ill. 26)

(ill. 27)

(ill. 28)

« Réveillé » par la trompette de l'ange, il se tourne vers son passé (le couple est synonyme de sa personnalité profane) et reconnaît qu'il a eu raison de renier les vanités de ce monde pour s'engager sur la voie de la spiritualité.

Arcane XXI. Le Monde (ill. 28)

L'image symbolise l'aboutissement de l'initiation, la métamorphose (dans le sens philosophique) de l'initié. Celui-ci considère désormais sa vie physique uniquement en tant qu'étape, phase préparatoire de cette vie psychique éternelle qui l'attend dans le monde des idées. Le monde platonique est représenté sur la lame par les symboles des quatre évangélistes, Matthieu (l'Ange), Jean (l'Aigle), Luc (le Taureau) et Marc (le Lion), qui personnifient également les quatre éléments primordiaux, l'Eau, l'Air, la Terre et le Feu. La jeune femme qui occupe la partie centrale de la carte symbolise la pérennité de l'esprit.

Arcane XXII. Le Mat ou le Fou (ill. 29)

Au Moyen Age, les fous étaient souvent considérés comme les dépositaires d'une sagesse suprême, des personnes dotées d'un esprit supérieur. Lucide et mordant, le fou assurait le divertissement du monarque (ou d'un seigneur), se distinguait par la justesse de ses jugements et de ses conseils, avait la possibilité d'énoncer impunément des vérités que même les courtisans les plus haut placés préféraient taire ou, plutôt, n'osaient pas dire...

Le fou représentait par ailleurs l'innocence, l'être prédestiné au Paradis (le Christ n'aurait-il pas dit : « Bienheureux les pauvres en esprit » ?)

C'est vraisemblablement pour ces raisons que les imagiers du Tarot symbolique firent appel au fou pour illustrer le dernier Arcane majeur, devant constituer la synthèse des précédents.

L'Arcane XXII résumerait donc ainsi le message initiatique du Tarot : l'homme qui — de même que le Fou — traverse la vie en transportant sur son dos le minimum nécessaire à sa subsistance et qui ne recherche ni honneurs ni richesse s'expose, certes, aux attaques de ses contemporains (la carte nous montre un chien qui mord le Fou), mais cela lui est indifférent, car il sait que les adversités de ce monde n'ont aucune importance. Serein, il se dirige vers le monde de la Perfection où le conduit son évolution spirituelle.

(ill. 29)

ÉTAPE 3

SIGNIFICATION DES 22 ARCANES MAJEURS DU TAROT DE MARSEILLE

Les significations divinatoires attribuées par les cartomanciens aux Arcanes majeurs du Tarot découlent plus ou moins directement de leur symbolisme ésotérique et initiatique. C'est ainsi que, par exemple, la lame VIII (la Justice) signale le rôle déterminé d'un homme de loi dans la vie du consultant, tout en dégageant, dans le même ordre d'idées, certaines notions abstraites (intégrité, justice, obéissance, etc.) et en apportant aussi d'autres renseignements (procès, contrat, jugement, etc.).

Souvent, les significations suggérées sont multiples, et parfois même, contradictoires. Laquelle choisir ?

Deux armes majeures nous aident à déterminer le mieux possible la signification à retenir :

1° le contexte dans lequel la carte se trouve ;

2° l'intuition.

Nous étudierons en détail les divers systèmes vous permettant d'utiliser la première arme, mais j'attire dès à présent votre attention sur deux détails importants :

1. Dans certaines méthodes de divination (réponse avec 5 cartes, par exemple), la même lame peut jouer un rôle positif si elle se trouve à la gauche du consultant et négatif si elle est à sa droite.

2. L'emplacement (la Maison dans le système à 14 cartes et dans le « Grand Jeu ») ainsi que le voisinage de certaines cartes déterminées peuvent dicter le sens (positif ou négatif) de la carte.

Signalons aussi qu'une lame renversée traduit, en règle générale, le contraire (ou du moins le sens négatif) de ce qu'elle annonce en position normale. Toutefois, en ce qui concerne le Tarot de Marseille, nous veillerons à ne pas renverser les cartes. D'autres tarots, en revanche (le Grand Etteilla, par exemple), se prêtent à être interprétés aussi bien droits que renversés.

Quant à l'intuition, vous ne devez jamais la sous-estimer, mais, au contraire, saisir la première idée qui vous traverse l'esprit. La pratique démontre qu'elle est toujours la meilleure.

Après ce préambule, voici la liste des significations les plus courantes des 22 Arcanes majeurs du Tarot de Marseille.

ARCANE I. LE BATELEUR (ill. 8)

Notions positives :

Initiative.

Début d'une action quelconque, sur le plan sentimental ou professionnel.

Présence d'esprit. Discernement.

Adresse, dans le sens le plus vaste du terme (songez à l'image du bateleur qui sait comment s'y prendre pour éblouir les badauds).

Autonomie.

Diplomatie, débrouillardise.

Un débutant.

Notions négatives :

Illusion. Erreur.

Tromperie.

Brouille.

Échec (professionnel, sentimental) en raison des manigances d'autrui.

Un arriviste, un intrigant, un profiteur.

Un menteur, un escroc.

ARCANE II. LA PAPESSE (ill. 9)

Notions positives :

Fécondité.

Patience qui sera récompensée. Une attente qui portera ses fruits.

Une issue.

Stabilité.

Une personne apportant un conseil précieux ou toute autre aide efficace.

Notions négatives :

Un secret.

Résignation (faute de mieux).

Nécessité d'apprendre quelque chose ou de faire un effort.

Passivité néfaste.

Une expérience dangereuse.

Un danger caché.

Un contretemps.

Un ennui mineur.

Une personne pouvant constituer un fardeau.

ARCANE III. L'IMPÉRATRICE (ill. 10)

Notions positives :

Intelligence. Érudition. Lucidité. Compréhension.

Influence bénéfique.

Affabilité.

Action didactique.

Richesse, fortune.

Dynamisme.

Nouveau départ professionnel.

Un conseiller qui mériterait d'être écouté.

Notions négatives :

Sottise. Manque de lucidité, de connaissance.
Erreur de l'imagination.
Problème mal compris, mal abordé.
Prodigalité.
Séduction.
Fausseté.
Complications de toutes sortes.
Contretemps majeurs.

ARCANE IV. L'EMPEREUR (ill. 11)

Notions positives :

La force, la stabilité, le pouvoir.
Légalité.
Intégrité morale.
Volonté inébranlable.
Sens pratique.
Un ordre, une disposition motivés par le souci de justice.
Solution apportée à un problème d'ordre matériel.
Harmonie avec autrui.
Un protecteur influent.

Notions négatives :

Opposition insurmontable.
Sanction (méritée).
Rappel à la soumission.
Adversaire puissant.
Un représentant du pouvoir contre lequel le consultant lutte vainement.
Déséquilibre, maladie.
Licenciement, chômage, faillite.

ARCANE V. LE PAPE (ill. 12)

Notions positives :

Autorité bienveillante.
Secours.
Apaisement d'un tourment.
Une évolution.

Stabilité professionnelle.
Orientation spirituelle.
Un proche parent.
Enfants.
Conseils judicieux sur le plan moral.
Un confident, un guide spirituel.
Une situation difficile qui s'éclaircit à la dernière minute, grâce à une protection extérieure et inattendue.

Notions négatives :

Manque de foi.
Incapacité à reconnaître ses torts.
Un adversaire occulte.
Perte des notions morales.
Action bassement matérialiste.
Contretemps.

ARCANE VI. L'AMOUREUX (ill. 13)

Notions positives :

Choix important dans le domaine affectif.
Hésitation en présence d'un dilemme (d'ordre sentimental).
Amour platonique.
Buts éthiques dictés par l'altruisme.
Dévouement.
Mariage.
Un être versatile, quelqu'un d'indécis.
Un amateur d'art.

Notions négatives :

Tentation.
Amour coupable.
Infidélité.
Rencontre susceptible de détourner du bon chemin.
Fausses promesses.
Séparation du couple.

ARCANE VII. LE CHARIOT (ill. 14)

Notions positives :

Succès, évolution matérielle ou spirituelle.
Atteinte d'une situation (professionnelle, sociale) enviable.
Protection assurée par une personne haut placée.
Progrès.
Victoire sur soi-même, sur l'incertitude.
Action menée pour faire triompher des idées justes.
Poursuite — accompagnée de succès — d'un idéal déterminé.
Réussite grâce à ses talents, à son mérite personnel.
Influence exercée sur autrui, persuasion.
Argent, transaction financière.
Un chef, un patron.
Une personnalité politique.
Une personne ayant une situation sociale privilégiée.
Un idéaliste.

Notions négatives :

Confiance en soi excessive.
Utilisation de moyens illicites.
Direction qui mène à la faillite.
Influence pernicieuse.
Problèmes professionnels dus à des erreurs (de gestion, par exemple).
Danger d'accident (routier ou autre).

ARCANE VIII. LA JUSTICE (ill. 15)

Notions positives :

Équité, intégrité.
Conservatisme, conformisme, obéissance.
Conseils valables.
Jugement (équitable).
Contrat appliqué conformément aux clauses établies.
Homme de loi, fonctionnaire, représentant de l'ordre.
Un employé effacé devant ses supérieurs hiérarchiques.

Notions négatives :

Perte d'un procès, amende, condamnation injuste.
Escroquerie.

Un tempérament tyrannique.
Ennuis de santé à cause d'un métier sédentaire.

ARCANE IX. L'HERMITE (ill. 16)

Notions positives :

Prudence, discrétion.

Sagesse, hautes connaissances.

Recherche de la spiritualité, détachement des choses matérielles et des passions.

Austérité, chasteté, célibat.

Retraite (spirituelle ou autre), repli sur soi-même à la suite d'une ou d'une série de déceptions.

Solitude, dans un sens général.

Un secret dévoilé.

Un ascète.

Un médecin.

Une personne capable de donner un conseil précieux, d'élucider un mystère, de résoudre un problème.

Notions négatives :

Réalisations pratiques (affaire, voyage) retardées ou même annulées.

Jugement erroné dans ses affaires.

Un obstacle difficilement franchissable.

Tempérament par trop craintif.

Pauvreté.

Obstination dans le célibat.

Misanthropie.

ARCANE X. LA ROUE DE FORTUNE (ill. 17)

Notions positives :

Succès obtenu grâce à la promptitude d'esprit.

Chance saisie au vol.

Progression et réussite pour celui qui le mérite, chute pour celui qui est dans l'erreur.

Brusque et heureux changement de fortune.

Notions négatives :

Instabilité, équilibre précaire, sur le plan professionnel.
Alternance de hauts et de bas.
Acquisition d'un avantage appelé à ne pas durer.
Brusque changement de fortune en mal.

ARCANE XI. LA FORCE (ill. 18)

Notions positives :

Intelligence permettant de triompher sur la force brute.
Emprise exercée sur autrui par le biais de l'intelligence.
Haute moralité.
Faculté de discernement.
Résultat (favorable) obtenu grâce à la diplomatie.
Défense d'une cause juste.
Courage.
Activité intense.
Victoire facile nullement espérée.
Une personne intrépide et juste.

Notions négatives :

Danger de blessure.
Obstacle infranchissable, opposition insurmontable.
Une passion vaine.
Un être coléreux.
Échec dû à un tempérament impulsif, à l'absence de raisonnement.

ARCANE XII. LE PENDU (ill. 19)

Notions positives :

Abnégation, désintéressement, mépris des biens de ce monde.
Sacrifice consenti, abandon d'un bien acquis, par pur altruisme.
Élévation spirituelle.
Une personne idéaliste.
Un être marginal.
Une réussite possible uniquement avec l'aide d'autrui.

Notions négatives :

Amour non partagé.

Expiation d'une faute.

Déception.

Une perte (emploi, bien mobilier ou immobilier) inévitable.

Sacrifice imposé.

Un asservissement provisoire.

Impossibilité d'action du fait d'autrui (« avoir les mains liées »).

Un projet irréalisable tel quel, car démuni de bases solides.

Un mirage, une illusion.

Une personne incomprise par son entourage.

Lien (secret) avec une personne mariée.

Un projet sentimental réalisé mais n'apportant pas les satisfactions espérées.

ARCANE XIII. SANS NOM (ill. 20)

Notions positives :

Une transformation radicale (changement de métier ou d'emploi, nouvelle orientation politique ou autre, nouveau cadre de vie...).

Fin (à long terme bénéfique) d'un amour, d'une liaison ou d'une amitié.

Une entreprise qui s'achève.

Fin (salutaire) d'une passion (jeu...).

Un héritage.

Solitude temporaire.

Mélancolie destinée à dissiper (rapidement).

Renouveau dont les effets bénéfiques ne tarderont pas à se manifester.

Une personne solitaire.

Un être qui refait sa vie.

Notions négatives :

Échec (pour des raisons de force majeure) d'une affaire, d'une démarche ou d'une activité quelconque.

Une déception.

Un deuil.

Une maladie grave mais pas mortelle.

La mort (uniquement si les cartes voisines sont également négatives et si, par leur signification, elles permettent d'arriver à cette conclusion).

ARCANE XIV. LA TEMPÉRANCE (ill. 21)

Notions positives :

Évolution, passage d'un état à un autre, étape dans une marche vers un mieux, transformation heureuse.

Sérénité, apaisement d'esprit.

Spiritualité.

Stabilité atteinte dans la vie sentimentale.

Arrangement à l'amiable, compromis équitable.

Vacances.

Notions négatives :

Conversion (religieuse ou politique) se révélant erronée.

Un changement quelconque pouvant mal se terminer.

Reconversion professionnelle non réussie.

Conséquences néfastes du refus d'un changement qui aurait été nécessaire.

Une affaire tranchée brutalement.

De vives oppositions (dans la vie sentimentale ou professionnelle).

Prodigalité.

Divorce.

ARCANE XV. LE DIABLE (ill. 22)

Notions positives :

Attrait sexuel.

Succès (grâce à la ruse ou à un moyen illégal quelconque).

Conquête amoureuse (par le biais de l'argent ou d'une pression morale).

Un lien (dicté uniquement par la sexualité).

Une personne possédant un magnétisme sexuel.

Notions négatives :

Un bouleversement, un déséquilibre, une action néfaste, un abus de confiance.

Influence négative exercée par autrui.
Proposition financière douteuse.
Amour vénal.
Une passion funeste (alcool, jeu, tabac).
Une tentation néfaste difficilement résistible.
Individu égoïste, sans scrupules.
Une personne attrayante mais dont l'influence serait néfaste.
Déséquilibre dû aux excès sexuels.
Affaires crapuleuses.
Complications, embarras de toutes sortes.
Aggravation d'une maladie.

ARCANE XVI. LA MAISON-DIEU (ill. 23)

Notions positives :

Un résultat négatif permettant de repartir dans une voie meilleure.

Un changement de conception et de direction qui s'impose... et qui peut sauver d'une situation périlleuse.

Un avertissement sérieux déconseillant une tentative ambitieuse.

Crainte injustifiée (le mal est uniquement apparent).

Notions négatives :

Écroulement d'une entreprise trop prétentieuse.

Une affaire qui périclite parce qu'elle n'a pas de bases solides.

Échec financier, professionnel ou sentimental.

Un effort supérieur à ses propres forces et ne pouvant donc aboutir.

Un être matérialiste et arriviste.

Divorce, rupture sentimentale.

Danger de surmenage.

ARCANE XVII. L'ÉTOILE (ill. 24)

Notions positives :

Un espoir, une lumière permettant de sortir de l'impasse.

Une orientation nouvelle.

Un nouvel amour.

Plaisirs charnels, une brève aventure sentimentale.
Sérénité.
Passion de l'art, succès artistique.
Secours imprévu par le biais d'un bon conseil.
Rôle bénéfique d'une femme.
Une personne stoïque.

Notions négatives :
Fin d'une période faste.

ARCANE XVIII. LA LUNE (ill. 25)

Notions positives :
Voyage en bateau.
Personne dont la profession est liée à la mer, à l'eau.
Issue possible (à condition de se dégager de l'influence de son entourage et de se fier à ses intuitions).

Notions négatives :
Stagnation, souvenirs obsédants et stériles, emprise néfaste du passé, influence négative du milieu familial ou social.
Rêveries retardant l'émancipation de l'individu.
Médisance, mensonge.
Illusion, idée fausse, erreur.
Un danger imprévu.
Jalousie.
Divulgation d'un secret, scandale.
Une personne matérialiste et (ou) conservatrice.
Une veuve.

ARCANE XIX. LE SOLEIL (ill. 26)

Notions positives :
Le bonheur.
Joie familiale, mariage.
Chaleur humaine, harmonie avec l'entourage.
Amour naissant.
Réconciliation sentimentale.
Dispositions artistiques.

Célébrité, succès dans un domaine intellectuel ou artistique.
Fin d'un tourment.
Secours providentiel.
Solution (depuis longtemps attendue) d'un problème.
Partenaire idéal.

Notions négatives :
Incompréhension.
Impossibilité d'atteindre la gloire de son vivant (pour les artistes, notamment).
Un entêtement préjudiciable.
Une aide non saisie.
Un amour repoussé.
Difficultés insurmontables.

ARCANE XX. LE JUGEMENT (ill. 27)

Notions positives :
Grande satisfaction morale ou matérielle, récompense des efforts accomplis.
Notoriété.
Stabilité.
Éclaircissement d'une situation équivoque, dissipation d'un doute.
Un être juste et équitable.

Notions négatives :
Nécessité de faire face à ses engagements, d'assumer ses responsabilités.
Un châtiment mérité.

ARCANE XXI. LE MONDE (ill. 28)

Notions positives :
Réussite totale.
Plénitude, achèvement.
Récompense.
Un être altruiste.

Notions négatives :

Obstacle insurmontable.

Ennuis, contretemps, échecs.

Renoncement au bonheur par amour d'autrui, un sacrifice que l'on s'impose.

ARCANE XXII. LE MAT OU LE FOU (ill. 29)

Notions positives :

Détachement des préoccupations matérielles, prédominance des aspirations spirituelles.

Notions négatives :

Passivité.

Problèmes impossibles à résoudre par soi-même.

Incertitudes, hésitations.

Une fausse route.

Déraison, manque préjudiciable de jugement et de lucidité.

Rupture d'un lien professionnel, amical ou sentimental, fuite volontaire vers la solitude.

Obligation de quitter une situation professionnelle ou sociale.

Fin d'une liaison sentimentale par nonchalance ou passivité.

ÉTAPE **4**

CONSEILS POUR BIEN TIRER LE TAROT

L'expérience le prouve, les tarots constituent un moyen divinatoire qui défie la logique cartésienne. Même si les rationalistes parlent de « pures et simples coïncidences », le fait est là : le Tarot ne se trompe pour ainsi dire jamais, il donne des réponses exactes aux questions qui lui sont posées. Toutefois, pour qu'il puisse jouer son rôle avec la plus grande efficacité, il est souhaitable que certaines conditions soient réunies.

Si l'on s'adressait à eux dans un but autre que celui de connaître la vérité, les oracles de l'Antiquité restaient muets. Il en va de même pour le Tarot. Quiconque n'y voit qu'un divertissement (ou une « fadaise ») fausse le déroulement normal de votre opération. Je vous conseille, par conséquent, de tirer le Tarot uniquement aux personnes non susceptibles de vous troubler par d'éventuels sarcasmes. En un mot, il faut y croire.

Vous avez intérêt, par ailleurs, à choisir pour vos consultations un cadre calme et isolé, où l'on ne vous dérangera pas. A l'abri des importuns et de tout ce qui pourrait vous interrompre ou détourner votre attention (téléphone, radio, télévision, etc.), vous parviendrez à vous concentrer convenablement pour bien interpréter les diverses lames du Tarot.

C'est aussi la raison pour laquelle il est préférable d'avoir affaire à un seul consultant à la fois. Par ses questions ou par ses remarques, une troisième personne risquerait, en effet, de donner une mauvaise orientation à votre travail mental.

Car c'est bien d'un travail mental qu'il s'agit. Voilà pourquoi vous devez être bien reposé, parfaitement apte à saisir le sens précis devant être donné à telle ou telle carte dans un contexte déterminé. Vous avez pu le constater, chaque Arcane dégage de multiples significations. Ce sera à vous de les passer en revue pour sélectionner celle qui convient le mieux au cas de votre consultant. Seule votre logique pourra vous aider (en complément de votre intuition), et un état de lassitude ne vous permettrait évidemment pas d'établir les associations d'idées nécessaires à la lecture réussie du Tarot.

Une autre recommandation importante : si jamais le Tarot ne donnait pas un résultat considéré comme satisfaisant par votre consultant (si, par exemple, celui-ci devait contester une ou plusieurs réponses obtenues, ou même la totalité d'entre elles), n'insistez pas. Au lieu de recommencer le jour même, suggérez plutôt une consultation ultérieure.

Je déconseille aussi de consulter le Tarot trop souvent... à moins de ne poser à chaque fois qu'une question précise, à laquelle il peut être répondu à l'aide de 5 cartes seulement. Dans les autres cas (« avenir à court terme » nécessitant 14 Arcanes, « avenir à long terme » dévoilé par le biais de 78 cartes, autrement dit du « Grand Jeu »), l'idéal est de laisser s'écouler, respectivement, six mois ou un an entre chaque consultation.

ÉTAPE **5**

LE JEU DE 5 CARTES RÉPONSE A UNE QUESTION

Le Tarot de Marseille se révèle particulièrement désigné pour répondre (vite et bien) à une seule question précise du consultant.

Je vous indique une méthode simple (dérivée de celle du célèbre Oswald Wirth) qui m'a été communiquée par la voyante Françoise Blasak, spécialiste de la cartomancie « pythagoricienne ».

Voici comment procéder :

1. Battez les 22 Arcanes majeurs du Tarot de Marseille ;
2. Demandez au consultant de retirer 4 cartes, l'une après l'autre ;
3. Placez la première carte à gauche du consultant ;
4. Placez la deuxième carte à droite du consultant ;
5. Placez la troisième carte en haut des deux premières ;
6. Placez la quatrième carte en bas des deux premières, formant ainsi une croix (ill. 30).

La première carte correspond au consultant, plaide pour lui, je dirais qu'elle est son **avocate.**

La deuxième carte, au contraire, parle de tout ce qui s'oppose au consultant. Elle joue donc le rôle — pour rester dans le contexte juridique — d'un **procureur.**

(ill. 30)

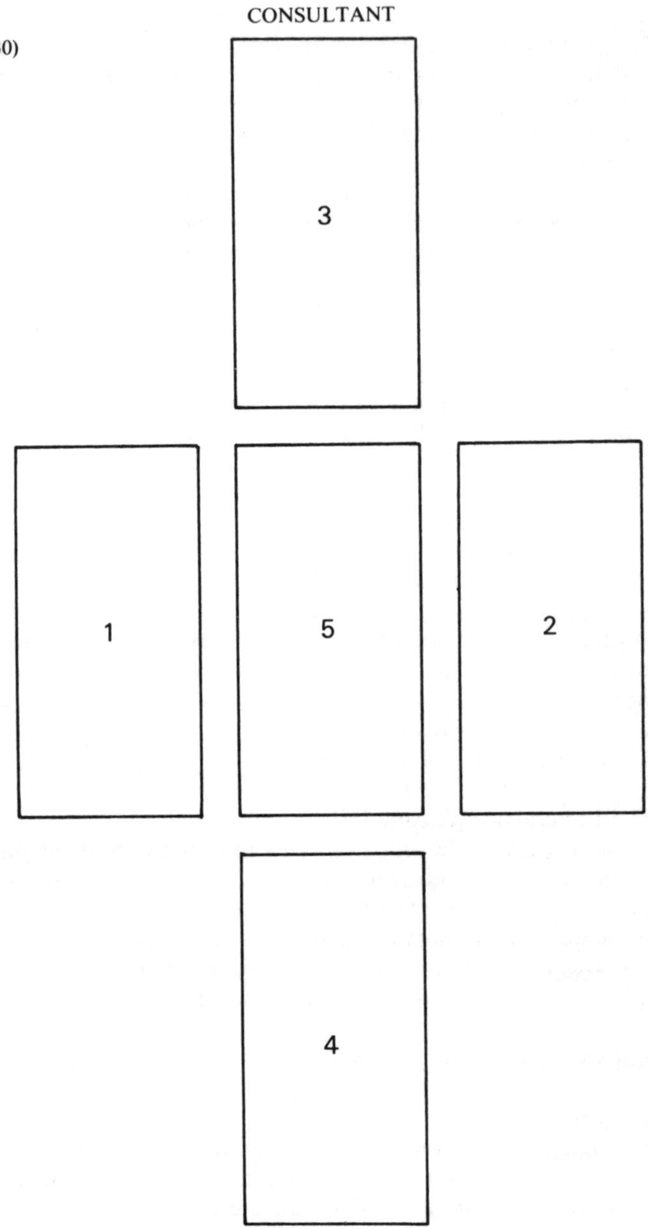

La troisième carte éclaire et examine objectivement les circonstances du cas précis, tout comme le ferait un **juge.**

La quatrième carte donne une première réponse à la question posée et peut être comparée à un **jugement.**

Toutefois, malgré toute sa valeur, ce jugement n'est pas sans appel. Son verdict doit être confirmé ou modifié par une **sentence supérieure.** Celle-ci viendra de la cinquième carte.

Cette cinquième carte nous sera désignée grâce à une méthode numérique. Nous devons additionner les chiffres de référence des 4 cartes tirées (par exemple, Arcane IV + Arcane XI + Arcane XV + Arcane XX, soit 4 + 11 + 15 + 20), dédoubler le résultat obtenu (4 + 11 + 15 + 20 = 50 = 5 + 0 = 5) et retirer la carte correspondant à ce chiffre (ici l'Arcane V), donc effectuer deux opérations additionnelles.

Compliqué ? A première vue, peut-être... Des exercices vous prouveront que c'est en fait très simple.

EXERCICE I (ill. 31)

Supposons que le consultant veuille savoir s'il doit partir en vacances, malgré un travail urgent, et qu'il tire les cartes suivantes :

1° le Jugement (Arcane XX),
2° la Tempérance (Arcane XIV),
3° la Justice (Arcane VIII),
4° l'Impératrice (Arcane III).

En additionnant les chiffres romains qui figurent en haut de chaque lame, nous obtenons 45 (20 + 14 + 8 + 3 = 45). Additionnons les deux chiffres (4 et 5) qui forment le total ainsi obtenu et nous sommes fixés : la cinquième carte sera l'Arcane IX, car 4 + 5 = 9. Nous retirons donc l'Arcane IX et le plaçons au centre de la croix formée par les 4 premières cartes.

A présent, essayons d'interpréter les 5 cartes une par une.

Première carte

En dégageant le symbolisme de l'Arcane XX (le Jugement) qui vous parle en faveur du consultant, vous pouvez déduire qu'il est arrivé à un stade où, au seuil d'une existence nouvelle, il fait le point. Peut-être, aussi, vient-il de se produire dans sa vie l'éclaircissement d'une situation équivoque (un divorce ?) ; il a donc besoin d'une détente, d'une coupure afin de pouvoir repartir de bon pied.

Deuxième carte

Se trouvant à la droite du consultant, l'Arcane XIV (la Tempérance) dégage des notions négatives et fait état des vives oppositions qui voudraient forcer le consultant à ne pas partir en vacances.

Troisième carte

L'Arcane VIII (la Justice) semble souligner que le consultant aurait besoin de repos. Cette lame signifie en effet, entre autres : inconvénients de santé, dus à un métier sédentaire. En outre, elle semble confirmer aussi l'éventualité d'un divorce qui aurait gravement perturbé le consultant.

Quatrième carte

L'Arcane III (l'Impératrice) annonce une influence bénéfique et du dynamisme... qui seraient assurés au consultant s'il se décidait à partir en vacances.

Cinquième carte

L'Arcane IX (l'Ermite) est le symbole de la prudence, ainsi que de la solitude. Cette lame parle aussi de retraite spirituelle, de repli sur soi-même, autant de notions qui corroborent la nécessité pour le consultant de s'accorder des vacances, de donner la priorité à sa santé et non à ses affaires.

Conclusion

Le Tarot non seulement vous a donné une réponse claire et précise (en conseillant au consultant de partir en vacances), mais encore vous a permis d'exposer des motivations logiques (état de santé, etc.) aptes à prouver le bien-fondé de son conseil.

CONSULTANT

VOUS

(ill. 31)

EXERCICE II (ill. 32)

Imaginons que le consultant vous demande :

— Vais-je avoir une rentrée d'argent prochainement ?

Supposons que, dans l'ordre, il tire les cartes suivantes :

1° le Chariot (Arcane VII),
2° le Diable (Arcane XV),
3° la Roue de Fortune (Arcane X),
4° l'Étoile (Arcane XVII).

En additionnant les numéros de ces cartes, on obtient le total de 49 (7 + 15 + 10 + 17 = 49) et, puisque 4 + 9 = 13, la réponse finale sera donnée par l'Arcane XIII.

Nous le savons, malgré son aspect rebutant (la Mort), le treizième des Arcanes majeurs (l'Arcane sans nom) signifie non seulement la fin d'une liaison, d'une amitié, d'une affaire, mais aussi un héritage.

Pouvez-vous annoncer à votre consultant qu'il va bientôt bénéficier d'un héritage ? Théoriquement, oui. Mais, par mesure de prudence, il vaut mieux ne rien précipiter et examiner attentivement les autres cartes avant de se prononcer.

Le consultant est désigné par le Chariot. Vous pouvez déduire qu'il se trouve dans une phase de succès, ou du moins qu'une réussite l'attend.

Le Diable, évidemment, fait allusion, dans ce contexte précis, aux complications, embarras de toutes sortes pouvant compromettre ou du moins retarder cette rentrée d'argent qui préoccupe le consultant.

La Roue de Fortune semble indiquer que la situation professionnelle ou financière (ou les deux à la fois) du consultant risque de péricliter, qu'il s'expose à des hauts et des bas constants, ce qui nous aide à mieux comprendre le pourquoi de sa question.

L'Étoile, cependant, possède un sens fort positif et annonce que l'espoir du consultant sera exaucé.

Nous pouvons donc dire au consultant qu'*a priori* il ne sera pas déçu, qu'il obtiendra, même s'il doit faire face à de nombreuses difficultés, l'argent qu'il attend.

CONSULTANT

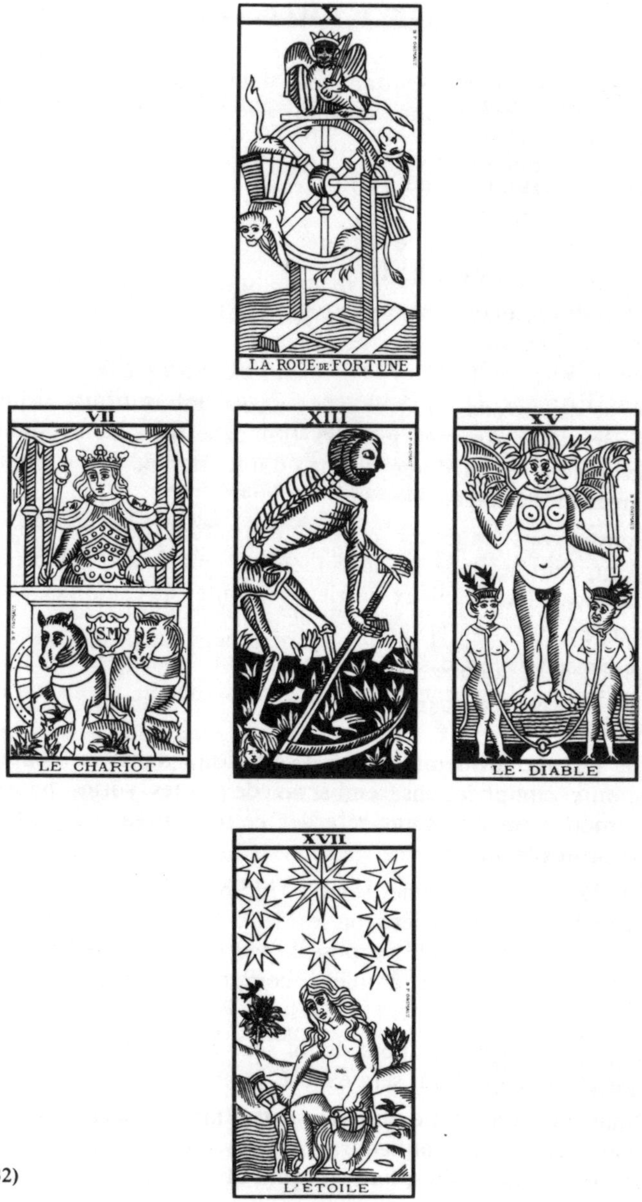

VOUS

(ill. 32)

EXERCICE III (ill. 33)

Si votre consultant désire être éclairé au sujet de la fidélité de son épouse et qu'il ait tiré, dans l'ordre, les cartes suivantes :

1° l'Hermite (Arcane IX),

2° la Justice (Arcane VIII),

3° le Pendu (Arcane XII),

4° la Force (Arcane XI),

vous pouvez immédiatement déduire que sa femme est fidèle. La quatrième carte, la Force, parle, en effet, de haute moralité.

Mais, par acquit de conscience, faisons l'addition qui s'impose (9 + 8 + 12 + 11 = 40) et, puisque 4 + 0 = 4, retirons l'Arcane IV, l'Empereur. Parmi les attributs de cette carte, ne pouvons-nous pas localiser les suivants : intégrité morale, harmonie avec autrui ? Par son message, la cinquième carte confirme donc la réponse de la quatrième.

Si vous désirez obtenir des détails, découvrir des éléments vous permettant de mieux dissiper les doutes de votre consultant, examinez une par une les quatre premières cartes tirées.

1° **L'Hermite,** lame qui désigne le consultant, vous permet de savoir que celui-ci a un tempérament trop méfiant... ce qui explique sa jalousie !

2° **La Justice,** carte qui s'oppose au consultant et qui doit, par conséquent, être interprétée dans le sens négatif, évoque les notions : perte d'un procès, amende, condamnation (injuste), escroquerie. En laissant courir (un peu) votre imagination, vous pouvez supposer que le consultant a perdu sa cause auprès d'une femme qu'il avait aimée (divorce prononcé à ses torts, injustement ?), ce qui motive sa méfiance à l'égard de sa femme actuelle.

3° **Le Pendu** apporte des lumières sur les circonstances et dégage, justement, une signification qui semble convenir au cas traité : amour non partagé. Il serait donc à supposer que le consultant aime sa femme... mais celle-ci n'éprouve pour lui que de la tendresse, sans plus.

4° **La Force** (carte qui assure ici la réponse fondamentale à la question posée) non seulement fait état de haute moralité, comme nous l'avons déjà vu, mais encore désigne une personne intrépide et juste. Cela nous autoriserait à penser que, excédée

CONSULTANT

VOUS

(ill. 33)

par la jalousie (non motivée) de son époux, la femme du consultant pourrait avoir, par dépit, des attitudes susceptibles de mettre de l'huile sur le feu.

En possession de toutes ces indications (précieuses) fournies par le Tarot, l'interprétation pourrait être formulée de la manière suivante :

— ... Vous semblez être traumatisé par l'infidélité d'une femme autre que celle que vous aimez actuellement. Ne restez pas sur ce mauvais souvenir. Votre femme ne vous trompe pas, vous auriez tort de l'accabler. Elle est bien disposée à votre égard, et a tout pour vous rendre heureux. Par votre jalousie excessive, vous pourriez tout gâcher. Ce serait dommage, car votre femme mérite votre confiance.

EXERCICE IV (ill. 34)

Supposons que votre consultant... ou plutôt, pour changer, votre consultante vous demande :

— Vais-je me marier ?

Si elle tire, dans l'ordre, les cartes :

1° l'Hermite (Arcane IX),

2° la Lune (Arcane XVIII),

3° le Soleil (Arcane XIX),

4° la Justice (Arcane VIII),

vous pouvez aussitôt présumer que la réponse sera négative, puisque la quatrième lame tirée (la Justice) est synonyme de fin d'une liaison sentimentale et de divorce.

Mais voyons si la cinquième carte (obtenue, toujours, grâce à l'addition des références numériques des 4 autres Arcanes) confirme cette réponse.

9 (l'Hermite) + 18 (la Lune) + 19 (le Soleil) + 8 (la Justice) = 54 et, puisque 5 + 4 = 9, la synthèse sera assurée par l'Arcane IX. Mais celui-ci (l'Hermite) a déjà été tiré. Que faire ?

Les règles de la méthode à 5 cartes prévoient cette éventualité. A chaque fois que la cinquième carte désignée par l'addition des 4 premières correspond à l'une des lames déjà tirées, on estime qu'elle ajoute de la valeur à la carte désignant le consultant (la consultante), autrement dit elle

CONSULTANT

(ill. 34)

VOUS

confirme et met en valeur les notions dégagées par la carte qui se trouve en première position.

Dans notre cas, la consultante est désignée par l'Arcane IX (l'Hermite). Cette lame, nous le savons, est synonyme de solitude, voire de célibat. Voilà pourquoi, dès le tirage de la première carte, la consultante nous apparaissait comme une personne solitaire.

A présent, en tant qu'élément de synthèse, le même Arcane IX réapparaît, non seulement confirmant mais encore rehaussant son premier renseignement ; sans équivoque possible, il nous dit que la consultante est prédestinée à une vie de célibataire. Par la même occasion, il corrobore l'affirmation de la quatrième carte tirée (la Justice), qui ne laissait aucun espoir de mariage.

Mais ce n'est pas tout. La Lune (Arcane XVIII), qui se trouve en deuxième position (et, par là, défavorable à la consultante), éclaire les raisons de ce célibat : emprise néfaste du passé, influence négative du milieu familial ou social...

Quant au Soleil (Arcane XIX), nous pourrions retenir ici sa signification d'amour naissant, puisqu'il se réfère aux circonstances qui régissent la question de la consultante. Nous pouvons présumer, en effet, que celle-ci a posé sa question justement à cause d'un amour naissant... qui lui donne des illusions (comme le suggère la Lune).

En conclusion, voici comment nous pourrions formuler notre réponse :

— Un homme semble s'intéresser à vous. Malheureusement, l'influence de votre entourage pourrait tout compromettre. Essayez donc de vous libérer des emprises extérieures. Ne vous dites pas, non plus, que vous êtes déjà trop habituée à vivre seule et que vous ne pourriez pas être heureuse en vous mariant. Si vous désirez vous marier, tournez le dos à votre passé ! Mais même si, pour une raison ou une autre, ce mariage ne devait pas se faire, ne désespérez pas. L'Arcane du Soleil, l'une des cartes les plus positives, constitue un présage extrêmement favorable pour vous : il est certain que la vie vous donnera énormément de satisfactions...

Une telle réponse (diplomatique) vous évite de traumatiser la consultante. Votre rôle ne doit pas être, en effet, la transmission pure et simple d'un message quelconque du Tarot.

Vous devez permettre au consultant de tirer profit de votre interprétation. C'est là le but essentiel de la cartomancie moderne : ne pas accabler les consultants avec l'annonce de malheurs, ni les flatter, mais les aider à diriger leur destin... ou, du moins, à l'accepter avec philosophie.

EXERCICE V (ill. 35)

Imaginons à présent qu'un homme vous pose cette question :

— Vais-je me marier avec la femme que je fréquente actuellement ?

En supposant qu'il tire, dans l'ordre, les cartes :

1° le Fou (Arcane XXII),

2° le Jugement (Arcane XX),

3° l'Étoile (Arcane XVIII),

4° le Chariot (Arcane VII),

notre addition (22 + 20 + 17 + 7 = 66) nous dicte de sortir l'Arcane XII (6 + 6 = 12). Mais voyons d'abord ce que nous disent les 4 premières cartes, et nous nous occuperons de la cinquième après.

Le Fou décrit le consultant comme un être détaché des préoccupations matérielles.

Le Jugement, lame qui s'oppose aux projets du consultant (et qui fait valoir, par conséquent, des notions négatives), semble faire état d'un « châtiment mérité ».

L'Étoile, en revanche, parlerait de lumière permettant de sortir de l'impasse, d'espoir, de nouvel amour, précisant ainsi les circonstances.

Le Chariot annonce un triomphe et laisse entendre que le projet du consultant aboutira.

Mais voici que la cinquième carte, l'Arcane XII, semble tout compromettre. Le Pendu ne signifie-t-il pas, en effet : projet irréalisable car démuni de bases solides, amour non partagé, affaire pouvant réussir uniquement grâce à l'aide d'autrui, asservissement provisoire, mirage, illusion ?

Oui, la cinquième carte semble trop contredire le message de la quatrième. Nous devons tenir compte aussi de l'impact fort négatif de la deuxième lame (le Jugement), ainsi que de l'aspect défavorable du consultant, désigné par l'Arcane XXII (le Mat ou le Fou).

(ill. 35)

CONSULTANT

VOUS

Finalement, seule la troisième carte (l'Étoile) pourrait consolider le message positif de la quatrième (Arcane VII, le Chariot).

Tout cela nous conseille la prudence. Car (l'exception fait la règle) ce serait une erreur, dans le cas précis, de nous contenter de la réponse affirmative de la quatrième carte (en l'occurrence de Chariot), sans chercher à approfondir la signification de la cinquième.

Aussi devons-nous examiner très attentivement la deuxième carte tirée (le Jugement) pour saisir les raisons qui empêchent la matérialisation prochaine du projet du consultant (le mariage).

Autrement dit — et cet exemple doit vous servir en tout cas semblable —, il y a lieu de répondre avec circonspection, malgré la signification positive de la quatrième carte. La réponse idéale serait donc, à mon avis, la suivante :

— Vous vous trouvez dans une situation où des forces majeures vous empêchent d'agir à votre guise. Les obstacles viennent, apparemment, de quelque erreur du passé. Qui sait, peut-être êtes-vous déjà marié et, pour le moment, votre femme refuse l'idée d'un divorce. La patience s'impose. Le Tarot me dit que votre projet de mariage (ou de remariage) va aboutir... mais pas dans l'immédiat.

EXERCICE VI (ill. 30)

Supposons qu'une personne vous dise :

— J'ai posé ma candidature pour un poste. Vais-je l'obtenir ?

Les cartes tirées seraient, dans l'ordre :

1° le Pendu (Arcane XII),

2° l'Étoile (Arcane XVII),

3° la Roue de Fortune (Arcane X),

4° la Justice (Arcane VIII).

Le Pendu nous dit que le consultant se trouve effectivement dans une situation difficile, mais non sans issue.

L'Étoile (plaidant ici contre le consultant) parle de la fin d'une période faste.

La Roue de Fortune semble confirmer que le consultant,

(ill. 36)

CONSULTANT

VOUS

après avoir bénéficié d'une situation professionnelle valable, traverse une période néfaste.

La Justice, évoquant, entre autres, la notion « conseils valables », semble indiquer que le consultant pourra bénéficier d'un secours lui permettant de sortir de l'impasse.

Additionnant les chiffres de ces quatre cartes (12 + 17 + 10 + 8 = 47), nous retirons l'Arcane XI (4 + 7 = 11), la Force ! Cette lame, nous le savons, signifie : un résultat favorable obtenu grâce à la diplomatie, de même que : victoire facile nullement espérée.

Comment ne pas conclure :

— Aucune raison pour désespérer. Même si votre candidature ne devait pas être retenue cette fois-ci (ce qui d'ailleurs n'est pas exclu), il paraît certain que vous trouverez une situation tout aussi bonne, sinon meilleure, que celle que vous aviez. Vous serez guidé par les bons conseils d'une personne qui semble travailler dans le milieu de la justice. Mais vous devez être diplomate, entretenir de bonnes relations avec les personnes susceptibles de vous épauler. Vous le verrez, au moment même où vous ne vous y attendrez pas, votre chômage actuel prendra fin.

EXERCICE VII (ill. 37)

Supposons qu'une dame vous demande :

— Vais-je avoir un enfant ?

Si elle tire, dans l'ordre, les cartes :

1° le Pape (Arcane V),

2° la Tempérance (Arcane XIV),

3° le Soleil (Arcane XIX),

4° la Papesse (Arcane II),

vous avez immédiatement l'impression que la réponse sera positive.

En effet, le Pape (lame dont l'une des multiples significations se réfère aux enfants) semble désigner la consultante comme prédestinée à la maternité.

Le Soleil, placé ici en troisième position, prouve que la consultante se trouve, sur le plan familial, dans une période propice.

La Papesse (la quatrième carte, donc celle qui doit apporter la réponse directe) signifie fécondité, mais parle aussi d'attente, de patience.

Que dit la Tempérance (carte opposée à la consultante) ? Située en position négative, elle signale elle aussi la nécessité de patienter.

Voyons à présent la conclusion suggérée par la cinquième carte, l'Arcane XII (5 + 14 + 18 + 2 = 39 ; 3 + 9 = 12), autrement dit le Pendu.

Grâce aux exemples précédents, cette lame nous est déjà bien familière. Nous savons qu'elle fait allusion à une situation difficile mais nullement désespérée (l'impossibilité d'action suggérée est purement provisoire).

Toutes ces considérations nous permettraient de formuler la réponse suivante :

— Madame, votre vœu sera exaucé, mais peut-être pas dans l'immédiat. Pour des raisons indépendantes de votre volonté, vous pourriez être obligée de patienter pour le moment. En tout cas, c'est certain, vous connaîtrez la joie de la maternité.

En résumé, pour lire correctement le Tarot par cette méthode de 5 cartes, vous devez :

1. Bien vous familiariser avec le symbolisme du Tarot, ainsi qu'avec les significations courantes attribuées aux 22 Arcanes majeurs ;

2. Veiller à ce que votre consultation puisse se dérouler dans les conditions les plus favorables possibles (voir leçon 4) ;

3. Sélectionner, carte par carte, à la fois intuitivement et logiquement, les interprétations qui conviennent le mieux au cas traité ;

4. Ne pas vous fier uniquement à la réponse de la quatrième carte tirée, mais tenir compte de la synthèse suggérée par la cinquième, ainsi que du contexte de l'ensemble des 5 cartes ;

5. Vous prononcer avec tact et diplomatie et, dans le doute, plutôt que de faire une erreur, vous taire ;

6. Ne pas vous contenter d'une interprétation très stricte, absolument conforme aux notions énumérées dans ce manuel, mais élargir, si nécessaire, les significations citées (toujours dans un sens analogue ou similaire, évidemment) ;

7. Si une réponse ne semble pas convenir au consultant, ne pas refaire le tirage, mais attendre quelques semaines (ou mois) avant de reposer la même question au Tarot.

CONSULTANT

(ill. 37)

VOUS

ÉTAPE 6

LE JEU DE 14 CARTES LE PROCHE AVENIR

Cette méthode présente l'avantage d'offrir une vue d'ensemble sur le proche avenir du consultant. Pour l'expérimenter, nous allons nous servir, une fois encore, des 22 Arcanes majeurs du Tarot de Marseille.

Voici comment procéder :

1. Battez les 22 Arcanes majeurs ;
2. Demandez au consultant d'en retirer 12 ;
3. Disposez ces 12 cartes en demi-cercle, de droite à gauche (de gauche à droite par rapport au consultant, comme l'indique l'illustration 38), dans l'ordre où elles ont été tirées ;
4. A votre tour, retirez 2 cartes parmi les 10 Arcanes majeurs restant disponibles et gardez-les près de vous, sans les découvrir (elles vous serviront à établir une synthèse, après l'interprétation des 12 premières lames).

Avant de continuer, une précision s'impose. La méthode que je vous présente ici s'inspire de la méthode géomantique de Paul Marteau, pratiquée — entre autres — par la voyante Françoise Blasak, qui se sert également de cartes à jeux pour mieux éclairer les réponses du Tarot de Marseille. Ce manuel n'ayant pas pour but la formation de cartomanciens professionnels, j'expose uniquement l'aspect le plus fondamental, le plus simplifié de cette méthode. A mon avis, c'est le seul moyen pour permettre aux amateurs de l'assimiler facilement et d'en dégager des messages... même incomplets.

(ill. 38)

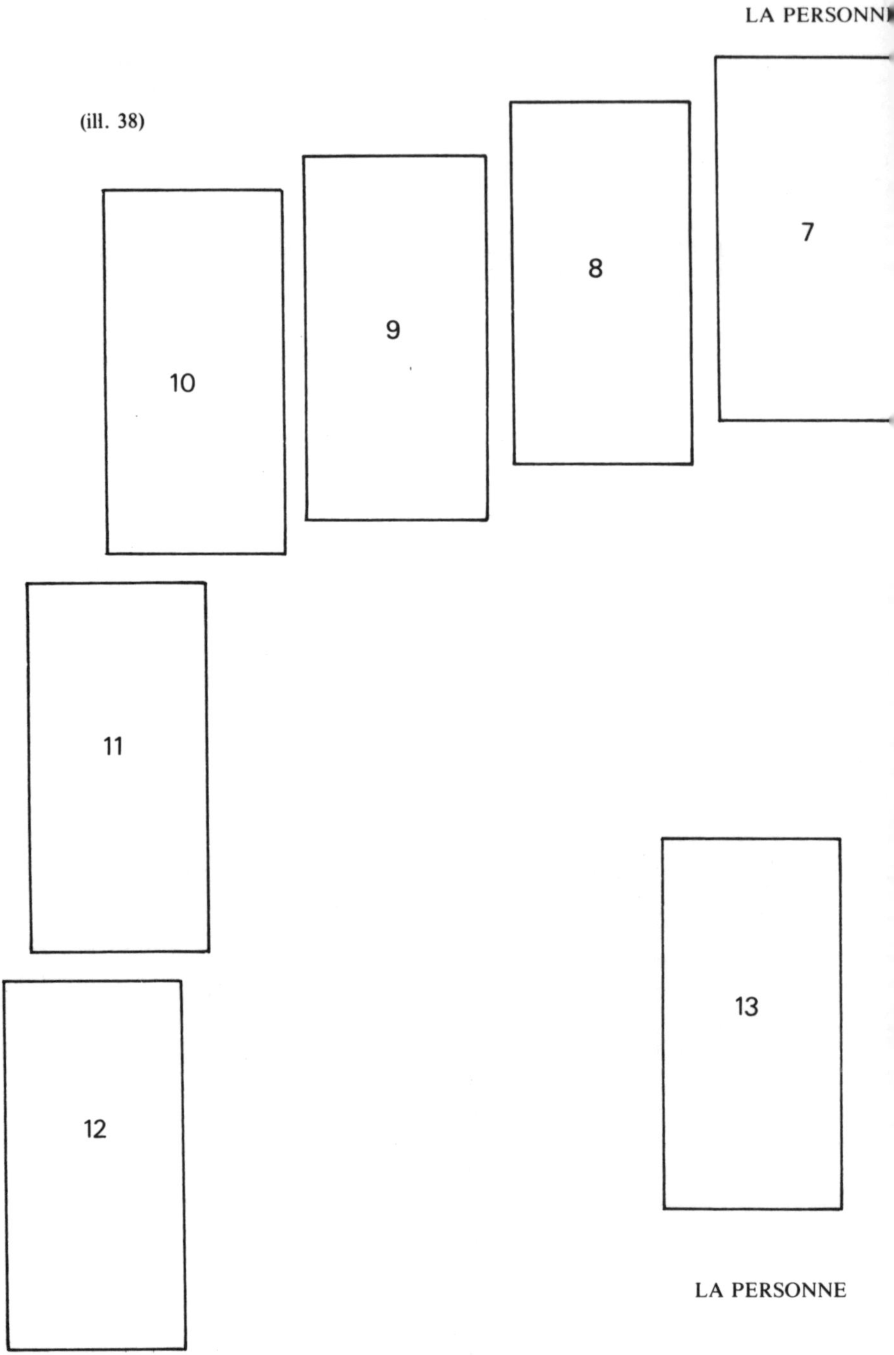

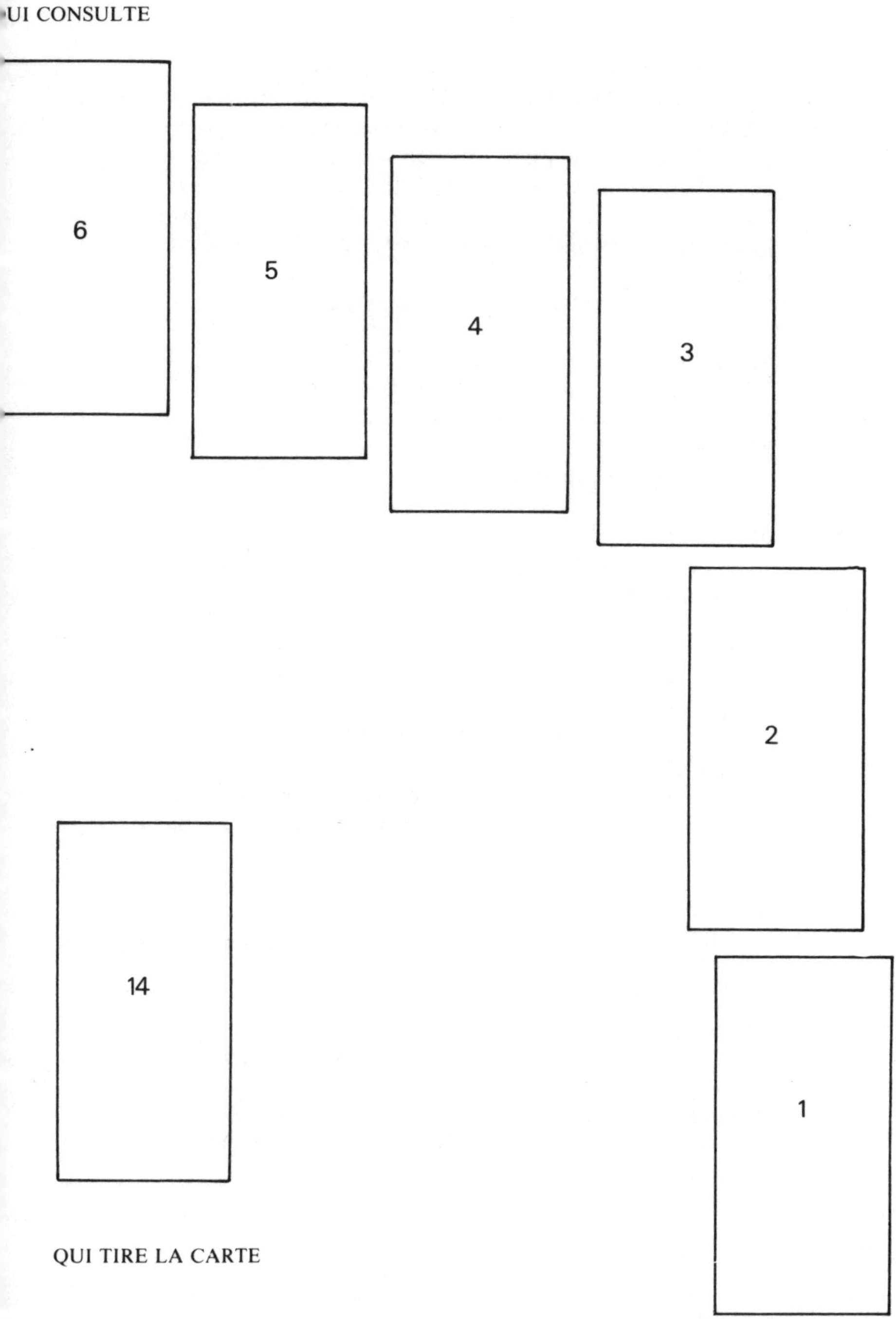
UI CONSULTE
6
5
4
3
2
14
1
QUI TIRE LA CARTE

Après cette mise au point, poursuivons.

Chacune des 12 lames tirées sera mise en rapport avec un domaine précis. Autrement dit, la première carte tirée (et disposée à votre extrême droite) vous éclairera toujours sur le consultant lui-même (caractère, etc.), la deuxième sur sa situation financière, et ainsi de suite. Pour utiliser un terme de l'astrologie, les 12 Arcanes majeurs tirés occuperont des « Maisons ».

Voici les attributs de ces 12 Maisons :

Maison I :

Le caractère, l'attitude générale dans la vie.

Maison II :

La situation financière.

Maison III :

L'entourage familial (père et mère exceptés), les voyages mineurs, le courrier.

Maison IV :

Le père (pour les consultants), la mère (pour les consultantes), le foyer.

Maison V :

Les enfants, la pédagogie, l'éducation en général, les amours, les liens sentimentaux plus ou moins passagers, les passe-temps préférés.

Maison VI :

Le travail, la santé, les servitudes diverses, les employés de maison.

Maison VII :

Le conjoint, le (les) associé(s). les actes notariés.

Maison VIII :

Les afflictions, la sexualité, les biens immobiliers, la mort (dans un sens abstrait, le plus souvent).

Maison IX :

La spiritualité, les études supérieures, les voyages à l'étranger, les contacts avec l'étranger, les procès.

Maison X :

La mère (pour les consultants), le père (pour les consultantes), les relations sociales, la notoriété, les honneurs et dignités.

Maison XI :

Les espoirs, les relations amicales.

Maison XII :

Les contrariétés, les épreuves, les adversités, les ennuis majeurs, les maladies graves, les liaisons secrètes, les choses cachées.

Chacune des Maisons possède donc plusieurs attributs à la fois. D'où la question : lequel retenir ?

Ici encore, vous devez vous laisser guider par votre intuition, ainsi que par la logique. Dans le doute, avant de formuler vos prédictions pour chacune des cartes, examinez attentivement celles-ci dans leur ensemble et contentez-vous de les interpréter mentalement. Vous pourrez ainsi dégager une idée conductrice qui vous permettra de découvrir la solution la plus plausible.

Mais, plutôt que de nous attarder sur des considérations théoriques, nous avons intérêt à aborder les expériences pratiques...

EXERCICE I (ill. 39)

Supposons que les 12 cartes tirées par le consultant soient, dans l'ordre :

Maison I : la Maison-Dieu (Arcane XVI),
Maison II : le Jugement (Arcane XX),
Maison III : l'Empereur (Arcane IV),
Maison IV : l'Amoureux (Arcane VI),
Maison V : l'Impératrice (Arcane III),
Maison VI : le Chariot (Arcane VII),
Maison VII : le Diable (Arcane XV),
Maison VIII : le Soleil (Arcane XIX),
Maison IX : le Mat ou le Fou (Arcane XXII),

LA PERSONN

(ill. 39)

LA PERSONNE

UI CONSULTE

QUI TIRE LA CARTE

Maison X : le Pape (Arcane V),
Maison XI : la Tempérance (Arcane XIV),
Maison XII : le Monde (Arcane XXI).

Vous retirez une treizième carte (indiquant la synthèse) et vous obtenez, disons la Lune (Arcane XVIII), tandis que la quatorzième (complément de synthèse) serait la Roue de Fortune (Arcane X).

Examinons pour commencer les 12 cartes tirées par le consultant. Comment ne pas être frappé par la présence, dans la Maison VII, de l'Arcane XV (le Diable) ? Nous l'avons vu, cette Maison VII se réfère au conjoint ou à l'associé du consultant, ainsi qu'aux actes notariés. La question se pose : l'événement négatif annoncé par le Diable concernerait-il le domaine de la vie conjugale du consultant, ou bien se situerait-il sur le plan professionnel, du fait de l'associé ? Voyons d'abord la première éventualité.

Hypothèse a)

S'agit-il d'un ennui concernant la vie conjugale, donc le foyer ? Celui-ci est régi par la Maison IV. L'Amoureux (Arcane VI) s'y trouve, lame qui nous parle avant tout d'un choix important dans le domaine affectif. Le consultant aurait-il dans sa vie une seconde femme, qui l'amènerait à hésiter entre deux amours ?

La Maison I (caractère du consultant) est occupée par la Maison-Dieu (Arcane XVI). Cette lame annonce, entre autres, le divorce, la rupture sentimentale. Nous pourrions donc être sur la bonne piste.

Jetons un coup d'œil sur la Maison V, qui régit le domaine des amours et des liens sentimentaux plus ou moins passagers. « L'Impératrice (Arcane III) occupe cette place. En passant en revue les multiples significations de cette carte, nous en localisons une qui semble convenir à notre cas : séduction. D'où la déduction : le consultant pourrait être séduit par une personne qui lui ferait regretter son lien conjugal.

Si nous regardons la Maison XI (relations amicales, espoirs), nous constatons la présence de la Tempérance (Arcane XIV), qui signifie, entre autres : évolution, passage d'un état à une autre, étape dans une marche vers un mieux, stabilité atteinte dans la vie sentimentale. Ce qui peut nous faire penser que le consultant espère améliorer sa vie grâce, justement, à la personne dont il s'est épris.

La Maison XII, elle, s'oppose au consultant et, en outre, régit les liaisons secrètes. Ici, le Monde (Arcane XXI), lame très bénéfique, semble atténuer les ennuis du consultant.

La présence du Soleil (Arcane XIX) dans la Maison VIII (les afflictions) pourrait signifier, elle aussi, que finalement tout rentrerait dans l'ordre.

Voyons à présent la treizième carte (destinée à établir la synthèse), c'est-à-dire la Lune (Arcane XVIII). Cette lame signifie, entre autres : danger imprévu, divulgation d'un secret, scandale. Nous serions donc tentés de présumer que ces notions s'appliquent à la vie conjugale du consultant.

Quant à la quatorzième carte (destinée à mieux éclaircir la synthèse obtenue par la treizième), il s'agit de la Roue de Fortune (Arcane X). Dans le contexte présent, nous inclinerions plus que jamais à la considérer comme une lame annonçant l'alternance de périodes fastes et néfastes mais ne signifiant pas automatiquement un malheur irréparable.

Tout cela nous laisserait donc supposer que les problèmes apportés par le Diable sont en rapport avec l'épouse (et non l'associé) du consultant et finiront par être planifiés.

Hypothèse b)

L'événement néfaste pouvant troubler le consultant se produirait-il non pas dans le domaine de sa vie conjugale, mais dans celui de ses affaires (rôle négatif de l'associé) ?

La lame Maison-Dieu (Arcane XII) se trouvant dans la Maison I (caractère, attitude générale du consultant), nous pourrions imaginer que l'une des significations spécifiques de cette carte (écroulement d'une entreprise) conviendrait pour nous guider en ce sens.

Mais, dans la Maison II (situation financière), la carte du Jugement (Arcane XX) ne dégage qu'une seule notion négative (relativement) qui pourrait corroborer cette hypothèse : nécessité de faire face à ses engagements, d'assumer ses responsabilités. Elle annonce, en revanche, une grande satisfaction morale ou matérielle et elle parle aussi de notoriété, de stabilité, etc.

Le Chariot (Arcane VII), dans la Maison VI, pourrait

effectivement suggérer un changement dans la vie professionnelle du consultant, mais en bien.

Le Soleil (Arcane XIX), dans la Maison VIII, semble triompher des attributs négatifs de cette Maison (afflictions, etc.) et s'appliquer à l'état rassurant des biens immobiliers du consultant.

Si le Monde (Arcane XXI), situé dans la Maison XII, continue de présager d'un obstacle difficilement surmontable, les messages des cartes citées (Arcane XX, VII, XIX) ne laissent donc pas supposer que cette barrière concerne (directement ou indirectement) les activités professionnelles du consultant.

La Lune (Arcane XVIII) ne dégage pas non plus de notions pouvant corroborer l'hypothèse d'un ennui dont l'associé serait la cause. C'est pourtant le rôle de cette lame de nous fixer sur la signification fondamentale des messages captés par l'intermédiaire des autres cartes tirées.

La Roue de Fortune (Arcane X), lame devant apporter des lumières complémentaires quant à la synthèse suggérée par la treizième, nous dit, sur le plan professionnel : instabilité, équilibre précaire, mais n'annonce pas une catastrophe.

Conclusion

Aucun élément ne semble confirmer que le mal annoncé par le Diable (dans la Maison VII) soit en rapport avec l'associé du consultant.

L'hypothèse b) doit, par conséquent, être abandonnée et l'hypothèse a) retenue. Et puisqu'il en est ainsi, voici comment nous pourrions interpréter le Tarot :

1. Le consultant est **séduit** par une femme, mais son amour n'est pas prédestiné à durer (Arcane III dans la Maison V).

2. Il **espère** pourtant atteindre la **stabilité sentimentale** avec cette personne, mais il ne le pourrait qu'au prix d'un **important changement,** notamment en quittant sa femme (Arcane XIV dans la Maison VI).

3. A la suite d'une imprudence quelconque, son adultère risque d'être **découvert** (Arcane XVIII, élément de synthèse).

4. Il en résultera un grand **bouleversement** sur le plan de ses **rapports conjugaux** (Arcane XV dans la Maison VII).

5. Il devra **choisir** entre sa femme et sa maîtresse (Arcane VI dans la Maison IV).

6. Même s'il décidait de quitter sa femme, celle-ci, par son refus de divorcer, constituerait **un obstacle difficilement surmontable** (Arcane XXI dans la Maison XII).

7. Il se pourrait cependant que sa femme finisse par accepter un jour l'idée du **divorce** (Arcane XVI dans la Maison I), mais cela se produirait à une époque où son **idylle serait déjà terminée** (Arcane III dans la Maison V).

8. N'importe comment, ce serait une **grosse erreur** pour lui de divorcer (Arcane XVIII, élément de synthèse), puisque son éventuel remariage **ne pourrait pas lui assurer une harmonie constante** avec sa nouvelle épouse (Arcane X, élément complémentaire de synthèse).

EXERCICE II (ill. 40)

Supposons que les 12 cartes tirées par le consultant soient dans l'ordre :

Maison I : l'Étoile (Arcane XVII),
Maison II : l'Hermite (Arcane IX),
Maison III : la Lune (Arcane XVIII),
Maison IV : la Maison-Dieu (Arcane XVI),
Maison V : le Monde (Arcane XXI),
Maison VI : le Pape (Arcane V),
Maison VII : le Pendu (Arcane XII),
Maison VIII : le Bateleur (Arcane I),
Maison IX : l'Amoureux (Arcane VI),
Maison X : le Soleil (Arcane XIX),
Maison XI : la Roue de Fortune (Arcane X),
Maison XII : l'Arcane sans nom (Arcane XIII),

et que les cartes de synthèse et de complément de synthèse sont l'Impératrice (Arcane III) et la Papesse (Arcane II).

Pour changer, au lieu de développer immédiatement un seul thème, lisons les cartes une par une, en essayant de formuler des prédictions « individualisées » pour chaque domaine précis.

L'Étoile (Arcane XVII), dans la Maison I, nous parle d'un espoir, d'une lumière permettant de sortir de l'impasse, d'une orientation nouvelle. En attendant d'y voir plus clair grâce aux autres lames, nous constatons déjà que le consultant part d'un bon pied et peut s'attendre à quelque évolution positive.

L'Hermite (Arcane IX), dans la Maison II, nous signale l'éventualité d'un retard sur le plan financier.

LA PERSONNE

(ill. 40)

LA PERSONNE

UI CONSULTE

QUI TIRE LA CARTE

La Lune (Arcane XVIII), dans la Maison III, pourrait représenter une influence négative exercée sur le consultant par son entourage familial.

La Maison-Dieu (Arcane XVI), dans la Maison IV, souligne, apparemment, la notion de changement suggérée par l'Étoile (dans la Maison I), précisant que ce changement de conception et de direction qui s'imposerait serait en rapport avec le foyer (le père ?) du consultant.

Le Monde (Arcane XXI), dans la Maison V, dégage des notions très positives (réussite totale, plénitude, achèvement à propos de la vie affective du consultant, ainsi qu'au sujet de ses enfants, s'il en a).

Le Pape (Arcane V), dans la Maison VI, constitue un bon présage quant au travail et à la santé du consultant.

Le Pendu (Arcane XII), dans la Maison VII, laisse supposer, au contraire, des problèmes (nullement insolubles) entre le consultant et son conjoint (ou associé).

Le Bateleur (Arcane I), dans la Maison VIII, accentue à son tour l'idée de quelque nouveau départ (un changement) qui pourrait se manifester dans la vie du consultant à la suite d'une affliction (un décès ?).

L'Amoureux (Arcane VI), dans la Maison XI, fait état, lui aussi, de l'éventualité d'un changement. Situé dans la Maison qui régit la spiritualité, ne laisse-t-il pas supposer que le consultant devra **choisir** entre deux orientations déterminées ?

Le Soleil (Arcane XIX), dans la Maison X, semble se référer ici, plutôt qu'à la mère du consultant, à quelque éclatant succès dans le domaine intellectuel ou artistique, succès pouvant apporter la célébrité au consultant.

La Roue de Fortune (Arcane X), dans la Maison XI, pourrait confirmer le succès signalé dans la Maison précédente, tout en précisant soit que, pour l'obtenir, le consultant devrait saisir sa chance au vol par le biais de ses relations, soit que cette notoriété acquise, grâce (un peu) à ses amis, serait éphémère.

L'Arcane sans nom (Arcane XIII), dans la Maison XII, annonce une épreuve pouvant résulter de la maladie (mortelle ?) d'une personne chère au consultant.

L'Impératrice (Arcane III), carte de synthèse, semble mettre en évidence les notions de changement suggérées par un nombre considérable d'autres lames.

La Papesse (Arcane II), carte complémentaire de synthèse, pourrait être en rapport avec le message de l'Arcane XIII (Arcane sans nom ou la Mort) et signifier que le consultant devrait se résigner à la perte d'un être cher (son père ?).

Tout cela nous amènerait à formuler la conclusion suivante :

Le consultant se trouve à la veille d'un changement important qui pourrait être en rapport avec la grave maladie de l'un de ses proches (pour ne pas le traumatiser, il vaut mieux passer sous silence le fait qu'il pourrait s'agir de son père, et c'est pour la même raison qu'il est préférable de ne pas se montrer tout à fait affirmatif). Ce changement pourrait le libérer de certain impact négatif exercé sur lui par son entourage familial et lui permettre de s'épanouir dans le cadre d'une activité intellectuelle ou artistique négligée jusqu'ici. Grâce au concours d'amis, un tel nouveau départ lui assurerait un succès considérable, voire la notoriété. Sa santé ainsi que sa situation financière, tout comme sa vie affective, lui donneront des satisfactions, mais ses rapports avec son épouse seront momentanément tendus.

Il va de soi que vous n'êtes nullement obligé de vous conformer à une pareille interprétation, ou du moins pas strictement. Vous pourriez peut-être saisir d'autres sens cachés derrière les lames du Tarot et attribuer une signification diverse à leur présence dans telle ou telle Maison. Il serait possible, par exemple, de chercher à approfondir le rôle de l'amour dans la vie du consultant et d'orienter votre démarche divinatoire en ce sens-là. L'essentiel est de ne pas vous écarter des notions fondamentales qui se dégagent du symbolisme de chaque Arcane et de respecter les valeurs des Maisons déterminées.

Ce conseil ne s'applique pas uniquement à cet exemple, mais à toutes les divinations que vous seriez susceptible d'effectuer par la même méthode des 14 cartes. le consultant lui-même pourra, par ailleurs, vous guider en précisant son problème d'emblée et en vous demandant de le fixer sur tel ou tel autre aspect de son proche avenir.

(ill. 41)

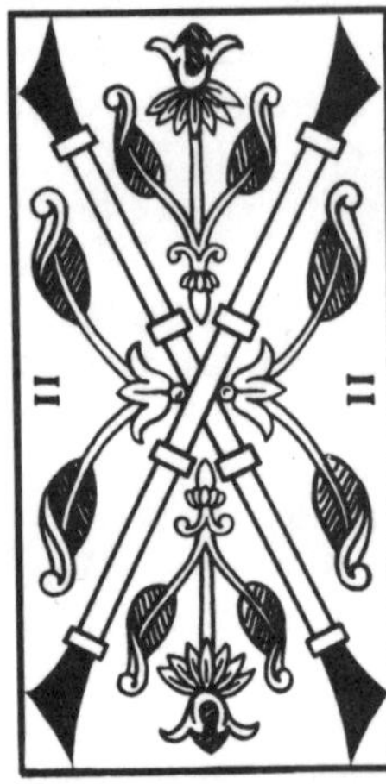

(ill. 42)

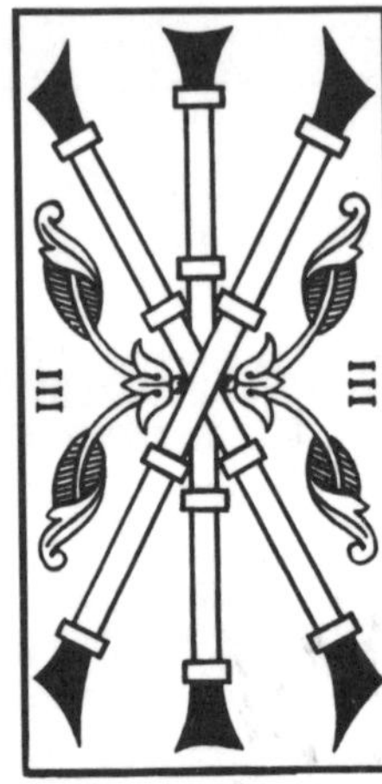

(ill. 43)

(ill. 44)

(ill. 45)

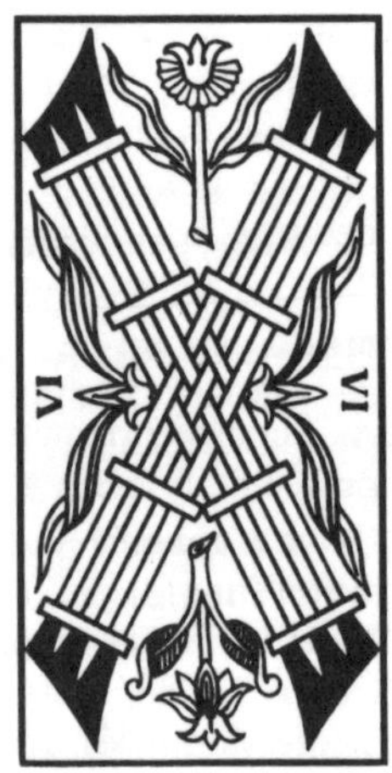

(ill. 46)

ÉTAPE **7**

LE GRAND JEU AVEC 78 CARTES L'AVENIR A LONG TERME

Les prédictions à long terme sont obtenues en se servant de la totalité des lames du Tarot de Marseille. Avant de vous exposer l'une des méthodes pouvant être utilisées, je vous présente les Arcanes dits « mineurs » du Tarot. Ils ont le rôle, en effet, de renforcer ou de mieux éclairer les messages des Arcanes majeurs dans le cadre de la méthode indiquée.

Le nombre des Arcanes mineurs s'élève à 56. Voici la liste des significations qui leur sont attribuées :

Bâton : régit le travail (symbole de Feu)

As : commandement, secours assuré par un tiers, une chance à la portée de la main (ill. 41).
Deux : concurrence, nécessité de mettre un terme à une hésitation (ill. 42).
Trois : courrier (professionnel), voyage mineur (ill. 43).
Quatre : répit (dans les activités professionnelles), retraite (professionnelle), fruit d'un travail (ill. 44).
Cinq : nouveau départ (professionnel), expansion dans le domaine des affaires (ill. 45).

(ill. 47)

(ill. 48)

(ill. 49)

(ill. 50)

(ill. 51)

(ill. 52)

Six : période critique, sur le plan professionnel (ill. 46).
Sept : arrangements bénéfiques dans le domaine du travail (ill. 47).
Huit : modifications sur le plan du travail, démarches professionnelles (ill. 48).
Neuf : voyages d'affaires à l'étranger, contacts professionnels avec des étrangers, contretemps mineurs (ill. 49).
Dix : succès professionnel (ill. 50).

Deniers : régit l'argent (symbole de Terre)

As : profit considérable, gain majeur (ill. 51).
Deux : si l'Arcane majeur voisin annonce un gain ou au contraire une perte d'argent, cette lame rehausse, dans les deux cas, les significations respectives (ill. 52).
Trois : courrier ayant trait aux finances (ill. 53).
Quatre : grande chance sur le plan financier (ill. 54).
Cinq : évolution de la situation financière (ill. 55).

(ill. 53)

(ill. 54)

(ill. 55)

(ill. 56)

(ill. 57)

(ill. 58)

(ill. 59)

(ill. 60)

(ill. 61)

Six : ennuis d'ordre financier (ill. 56).
Sept : une réussite financière, un gain (ill. 57).
Huit : graves problèmes financiers (ill. 58).
Neuf : fonds reçus de l'étranger ou obtenus par voie judiciaire (ill. 59).
Dix : profit financier majeur (ill. 60).

Coupe : régit la vie sentimentale (symbole d'Eau)

As : amour, élan sentimental, affection, passion (ill. 61).
Deux : rivalité sentimentale, nécessité de choisir entre deux personnes auxquelles on est attaché par des liens affectifs (ill. 62).
Trois : courrier du cœur, idylle (ill. 63).
Quatre : vie sentimentale équilibrée (ill. 64).

(ill. 62)

(ill. 63)

(ill. 64)

Cinq : nouvel amour (ill. 65).
Six : période négative sur le plan sentimental (ill. 66).
Sept : conquête amoureuse, mariage (ill. 67).
Huit : fin d'un amour (ill. 68).
Neuf : amour à l'étranger ou bien pour une personne étrangère (ill. 69).
Dix : succès sentimental, grand amour (ill. 70).

(ill. 65)

(ill. 66)

(ill. 67)

(ill. 68)

(ill. 69)

(ill. 70)

(ill. 71)

(ill. 72)

(ill. 73)

(ill. 74)

(ill. 75)

Épée : régit la santé, la vie en général (symbole d'Air)

As : dynamisme, puissance sexuelle (ill. 71).
Deux : contrariétés (ill. 72).
Trois : contacts valables, courrier important (ill. 73).
Quatre : contrariétés surmontées (ill. 74).
Cinq : énergie renouvelée, orientation nouvelle (ill. 75).

(ill. 76)

(ill. 77)

(ill. 78)

(ill. 79)

(ill. 80)

Six : période de crise, sur le plan de la santé ou (et) en général (ill. 76).
Sept : épreuves majeures mais non insurmontables (ill. 77).
Huit : santé menacée, risque d'accident, problèmes majeurs (ill. 78).
Neuf : Intervention de forces majeures, telles les autorités, etc. (ill. 79).
Dix : épanouissement, concrétisation majeure, poste de responsabilité (ill. 80).

Il vous sera plus aisé de vous souvenir des significations des Arcanes mineurs en tenant compte d'un certain parallélisme existant entre eux. Ainsi :

a) L'**As** correspond, en règle générale, à une notion très positive, particulièrement favorable au consultant.

b) Le **Deux** signale une rivalité entre le consultant et une autre personne, dans un domaine déterminé.

c) Le **Trois** se réfère surtout au courrier.

d) Le **Quatre** constitue un présage de réussite.

e) Le **Cinq** annonce un renouveau dans tel ou tel autre domaine.

f) Le **Six** met en garde contre des périodes critiques.

g) Le **Sept** est toujours synonyme d'un succès.

h) Le **Huit** dégage la notion d'un danger.

i) Le **Neuf** est en rapport, surtout, avec l'étranger.

j) Le **Dix** fait état d'un succès considérable, d'une sorte de plénitude atteinte sur le plan financier ou sentimental, etc.

Voyons à présent une catégorie spécifique des Arcanes mineurs : les **Rois, Reines, Cavaliers** et **Valets.** Ils nous apportent des précisions au sujet de personnes susceptibles d'assumer une tâche plus ou moins importante dans la vie du consultant. Les significations suivantes leur sont attribuées :

Roy de Bâton (ill. 81) : le supérieur hiérarchique, l'employeur, etc., celui, en somme, dont le consultant risque de dépendre, sur le plan professionnel.

(ill. 81)

(ill. 82)

(ill. 83)

(ill. 84)

(ill. 85)

(ill. 86)

Reyne de Bâton (ill. 82) : une femme de l'entourage professionnel du consultant.
Cavalier de Bâton (ill. 83) : messager d'un éventuel changement dans la vie professionnelle du consultant.
Valet de Bâton (ill. 84) : messager, mais dans un sens général (lettre ayant trait à tel ou tel autre domaine).

Roy de Deniers (ill. 85) : un financier.
Reyne de Deniers (ill. 86) : une femme riche ou bien recherchant des avantages matériels.

(ill. 87)

(ill. 88)

Cavalier de Deniers (ill. 87) : une personne pouvant apporter un gain au consultant ou bien améliorer sa situation financière.
Valet de Deniers (ill. 88) : un jeune assistant pouvant contribuer au succès financier du consultant.

Roy de Coupe (ill. 89) : un amoureux du deuxième ou du troisième âge.
Reyne de Coupe (ill. 90) : une amoureuse.

(ill. 89)

(ill. 90)

(ill. 91)

(ill. 92)

Cavalier de Coupe (ill. 91) : intermédiaire d'une nouvelle conquête amoureuse.
Valet de Coupe (ill. 92) : un jeune amoureux.

Roy d'Épée (ill. 93) : un homme de loi, un personnage influent.
Reyne d'Épée (ill. 94) : une femme divorcée ou veuve.
Cavalier d'Épée (ill. 95) : un messager d'un obstacle (juridique ou autre) pouvant être surmonté par le consultant.
Valet d'Épée (ill. 96) : un notaire, un avoué, un huissier.

(ill. 93)

(ill. 94)

(ill. 95)

(ill. 96)

Comme vous avez pu le remarquer, le Bâton régit la vie professionnelle, le Denier se réfère aux finances et la Coupe est en rapport avec l'amour. L'Épée, par contre, concerne surtout les aspects juridiques de la vie du consultant.

LE GRAND JEU

Le Grand Jeu est destiné tout particulièrement aux prédictions à long terme. Comme il a déjà été précisé, cette méthode implique l'utilisation de la presque totalité des lames du Tarot de Marseille. « Presque », car si le consultant doit choisir parmi toutes les lames, en fait, dans la pratique, seule une partie d'entre elles feront l'objet d'une interprétation.

Quand il s'agit du Grand Jeu, certains cartomanciens font appel à 36 cartes, d'autres à 48 ou encore à 60, mais rares sont ceux qui en utilisent 72 ou plus. Cela s'explique par le souci de gagner du temps. L'interprétation d'un grand nombre de lames peut en effet nécessiter plusieurs heures.

Le Grand Jeu, lui aussi, se déroule à l'appui du système des 12 Maisons. Mais, au lieu de placer les cartes en demicercle (méthode des 14 cartes), nous les disposons en rond, de droite à gauche (ill. 97), quoique certains cartomanciens préfèrent agir en sens inverse.

Voici la façon de procéder :

1° séparer les Arcanes majeurs des Arcanes mineurs ;

2° brasser les Arcanes majeurs ;

3° faire tirer au consultant 12 Arcanes majeurs et les placer, dans l'ordre, au sein des 12 Maisons ;

4° brasser les 10 Arcanes majeurs non tirés avec les 56 Arcanes mineurs ;

5° faire tirer au consultant 12 cartes et les placer, dans l'ordre, au sein des 12 Maisons, derrière les Arcanes majeurs tirés au premier tour ;

6° répéter l'opération n° 5 une (ou deux, ou trois) fois ;

7° interpréter les cartes, Maison par Maison ;

8° faire tirer au consultant 12 autres cartes, les placer toujours en cercle et s'en servir pour établir une synthèse.

(ill. 97)

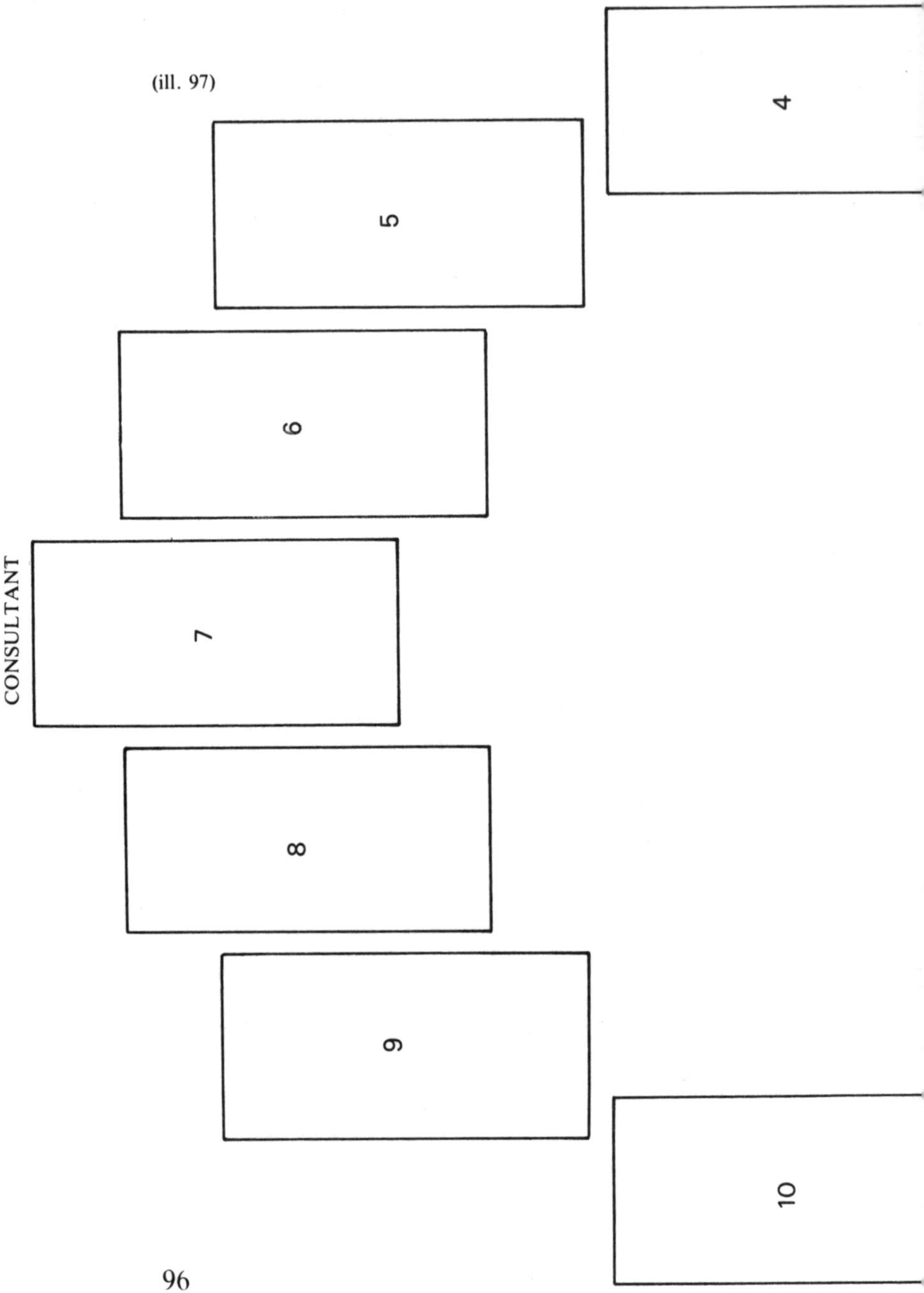

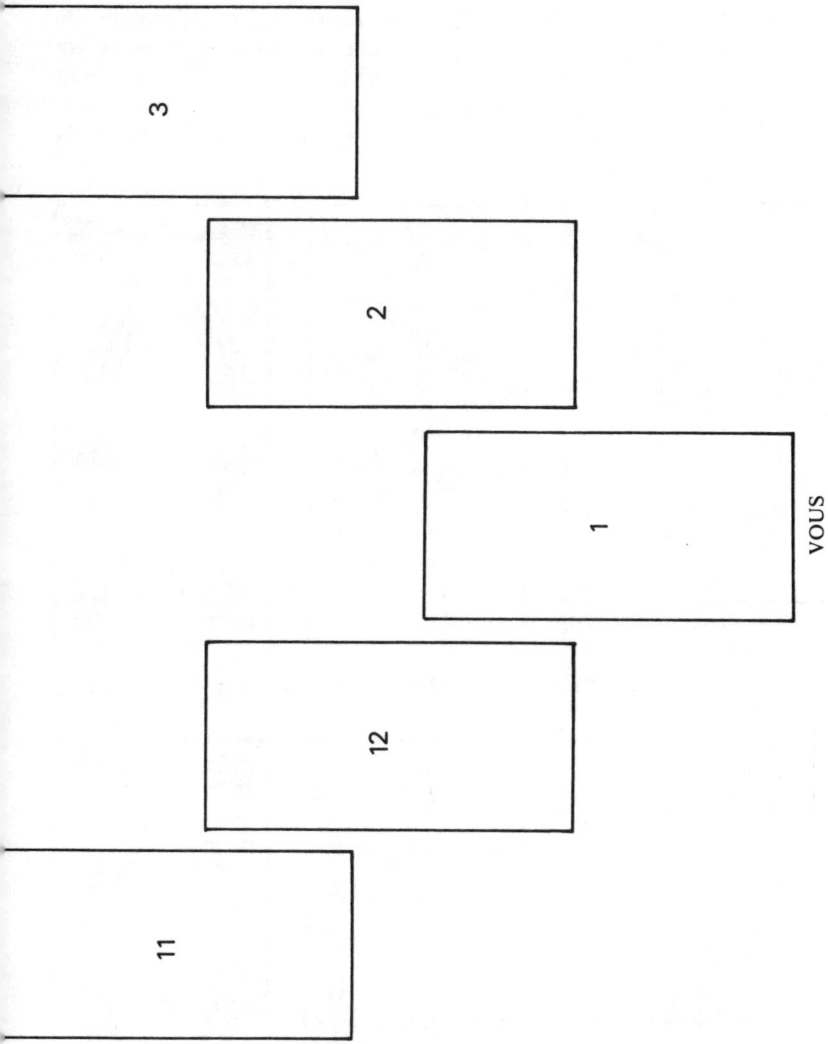
3
2
1
VOUS
12
11

EXERCICE DE GRAND JEU

Notre exercice se limite à un exemple où le nombre des cartes effectivement interprétées s'élève (les 12 lames de synthèse comprises) à 48. Autrement dit, nous supposons un cas où, pour commencer, le consultant aurait tiré seulement trois fois 12 cartes, notamment :

Le **Mat,** le **Deux de Coupe** et le **Sept d'Épée** pour la *Maison I* (ill. 98).

(ill. 98)

La **Lune,** l'**As d'Épée** et le **Quatre d'Épée** pour la *Maison II* (ill. 99).

(ill. 99)

Le **Pape,** le **Six d'Épée** et le **Valet d'Épée** pour la ***Maison III*** (ill. 100).

(ill. 100)

L'**Hermite,** l'**As de Deniers** et le **Roy de Deniers** pour la *Maison IV* (ill. 101).

(ill. 101)

La **Justice,** le **Cavalier de Coupe** et la **Roue de Fortune** pour la *Maison V* (ill. 102).

(ill. 102)

L'**Étoile,** le **Cavalier de Bâton** et le **Trois de Bâton** pour la *Maison VI* (ill. 103).

(ill. 103)

L'**Impératrice,** le **Six de Deniers** et le **Neuf d'Épée** pour la ***Maison VII*** (ill. 104).

(ill. 104)

Le **Jugement,** le **Quatre de Deniers** et le **Dix de Deniers** pour la ***Maison VIII*** (ill. 105).

(ill. 105)

Le **Soleil,** le **Trois de Deniers** et le **Monde** pour la ***Maison IX*** (ill. 106).

(ill. 106)

L'**Arcane sans nom,** le **Pendu** et le **Six de Bâton** pour la ***Maison X*** (ill. 107).

(ill. 107)

La **Force,** le **Huit de Deniers** et la **Reyne de Deniers** pour la *Maison XI* (ill. 108).

(ill. 108)

La **Tempérance,** le **Quatre de Bâton** et le **Trois d'Épée** pour la *Maison XII* (ill. 109).

(ill. 109)

Examinons-les en détail.

Maison I (ill. 98)

Le **Mat** nous décrit le consultant comme un être détaché des préoccupations matérielles. Le **Deux de Coupe** annonce qu'il aura à faire face à un rival sentimental ou bien qu'il devra choisir entre deux femmes aimées. Le **Sept d'Épée** signale qu'il devra surmonter une rude épreuve, avec une forte chance de réussite.

Première conclusion :
Étant de tempérament fort idéaliste, le consultant risque d'être bouleversé par un événement qui surviendrait dans sa vie sentimentale ; il devra faire preuve de ténacité et de courage pour pouvoir triompher du mal.

Maison II (ill. 99)

La **Lune** donne un tableau relativement négatif de la situation financière du consultant, signalant qu'il devrait se dégager d'influences néfastes pour pouvoir progresser. L'**As d'Épée** semble indiquer, justement, qu'il pourra, avec le dynamisme nécessaire, sortir de l'impasse. Ce que confirme le **Quatre d'Épée** qui suggère des contrariétés pouvant être surmontées.

Première conclusion :
Le consultant aura de très bonnes chances d'améliorer sa situation financière, à condition de s'en occuper sérieusement, avec toute la vigueur qui s'impose.

Maison III (ill. 100)

Le **Pape** attire l'attention sur une personne de l'entourage familial du consultant (un oncle ?) qui serait très bien disposée à son égard. Le **Six d'Épée** annonce une période critique. Le **Valet d'Épée** représente, nous le savons, une personne professionnellement liée à la justice.

Première conclusion :
Lors d'une période de crise, une personne de la famille du consultant ferait intervenir un notaire (ou un avoué) pour lui permettre de triompher de ses difficultés.

Maison IV (ill. 101)

L'**Hermite** semble nous dire que le père du consultant est un homme prudent et sage, mais (peut-être) un peu avare. L'**As de Deniers** annonce un profit considérable. Le **Roy de Deniers** désigne un financier.

Première conclusion :

Le consultant obtiendra un soutien matériel important de la part d'une personne ayant une situation solide dans le monde de la finance, grâce à l'intervention de son père, ou bien, si celui-ci ne vit plus, grâce à une personne étroitement liée à son foyer (son beau-père ?) qui préférerait cette solution plutôt que de l'aider avec son argent personnel. Mais — c'est une question d'interprétation — il se pourrait aussi que l'Hermite et le Roy de Deniers désignent la même personne. Dans ce cas, nous pourrions penser que le père (ou le beau-père) du consultant déciderait — malgré son avarice et bien que tardivement — de le sortir de son embarras financier. Quoi qu'il en soit, c'est le résultat (positif) qui compte.

Maison V (ill. 102)

La **Justice** semble se référer, plutôt qu'aux enfants du consultant, à ses amours, en raison du voisinage du **Cavalier de Coupe** (intermédiaire d'une nouvelle conquête amoureuse). La **Roue de Fortune** confirmerait ainsi la perspective d'un changement dans la vie affective du consultant.

Première conclusion :

La liaison actuelle du consultant viendra à un terme, mais sera suivie par une autre, grâce au concours d'un ami.

Maison VI (ill. 103)

L'**Étoile** annoncerait une orientation nouvelle sur le plan de la vie professionnelle du consultant et le **Cavalier de Bâton** (messager d'un éventuel changement) justifierait cette hypothèse. Le **Trois de Bâton** parle de courrier professionnel et de voyage mineur.

Première conclusion :

A la suite, peut-être, d'une maladie (la Maison VI régit au même titre le travail et la santé), le consultant prendra un nouveau départ professionnel (changement de métier ou d'emploi), précédé non seulement par un échange de correspondance, mais aussi, probablement, par un voyage d'affaires.

Maison VII (ill. 104)

L'**Impératrice** joue un rôle favorable, aussi bien au sujet des rapports du consultant avec son conjoint qu'avec son (ses) associé (s). En outre, elle parle, elle aussi, de l'éventualité d'un nouveau départ professionnel, ainsi que de richesse et de fortune. Le **Six de Deniers** annonce, cependant, des ennuis financiers. Le **Neuf d'Épée,** lui, fait état d'une intervention de forces majeures.

Première conclusion :

En raison de quelque événement lié aux autorités (contrôle fiscal ?), le consultant aurait des problèmes sur le plan financier, mais ceux-ci seraient résolus grâce à l'intermédiaire de sa femme ou de son (ses) associé (s) qui l'aideraient dans sa nouvelle orientation professionnelle.

Maison VIII (ill. 105)

Le **Jugement** constitue un présage de grande satisfaction morale ou matérielle. Les effets bénéfiques de cette lame neutralisent ainsi les notions négatives (afflictions) de la Maison VIII et semblent se référer aux capitaux du consultant, d'autant que les deux autres Arcanes parlent d'argent. Le **Quatre de Deniers** fait état, en effet, de grande chance sur le plan financier, tandis que le **Dix de Deniers** annonce un profit financier majeur.

Première conclusion :

Grâce à une chance (inattendue ?), la situation financière du consultant connaîtra une très nette amélioration, bien méritée, par ailleurs (le Jugement signifie aussi : récompense).

Maison IX (ill. 106)

Le **Soleil** éclaire d'une lumière très favorable les aspects spirituels de la vie du consultant, ainsi que ses rapports avec l'étranger. Le **Trois de Deniers** annonce du courrier ayant trait aux finances. Le **Monde,** nous le savons, prédit une réussite totale, une plénitude, etc.

Première conclusion :

Une lettre importante (en provenance de l'étranger ?) contribuerait à la dissipation des ennuis financiers du consultant et lui permettrait de savourer le fruit de ses efforts, d'atteindre un stade où, libéré de ses problèmes matériels, il pourrait se consacrer davantage à l'épanouissement de sa vie spirituelle.

Maison X (ill. 107)

L'**Arcane sans nom,** plutôt qu'à la mère du consultant, semble se référer à sa profession, et cela pour trois raisons : *a)* il est synonyme, entre autres, de transformation radicale, présage déjà exprimé à propos du travail du consultant, dans la Maison VI ; *b)* il est suivi par le **Pendu,** dont le message (perte inévitable d'un emploi) semble concorder avec le sien ; *c)* le **Six de Bâton** — qui forme ici le troisième volet du triptyque — annonce une période critique sur le plan professionnel.

Première conclusion :

Le consultant perdrait son emploi, traverserait une période difficile, mais parviendrait à refaire sa vie grâce à une nouvelle orientation professionnelle.

Maison XI (ill. 108)

La **Force** motive les espoirs du consultant et favorise ses contacts sociaux et amicaux. Le **Huit de Deniers** attire l'attention sur de graves problèmes financiers, tandis que la **Reyne de Deniers,** elle, semble faire allusion à une femme riche.

Première conclusion :

Le consultant pourra triompher de ses ennuis d'argent grâce à ses relations et, plus précisément, par l'intermédiaire d'une femme fortunée.

Maison XII (ill. 109)

La **Tempérance** parle de changement en mieux. Le **Quatre de Bâton** se réfère à un répit professionnel. Le **Trois d'Épée** annonce des contacts intéressants, un courrier important.

Première conclusion :

Réduit au chômage, le consultant traversera une période critique, mais il sera efficacement aidé par ses relations pour effectuer sa reconversion professionnelle et finira par trouver une situation meilleure que la précédente.

Si nous examinons un par un les divers messages obtenus, quelques détails nous frappent. Seules deux Maisons (I et V) contiennent des prédictions touchant à la vie privée (sentimentale plus précisément) de notre consultant hypothétique. Toutes les autres Maisons nous communiquent des données au sujet de son travail, de sa situation financière, et la teneur de leurs messages est sensiblement la même : des difficultés surmontées grâce à des secours plus ou moins inattendus. Cette (très curieuse) analogie met en relief l'importance du changement prédit dans le domaine professionnel et minimise la portée de celui qui se produirait sur le plan sentimental.

Mais, avant de formuler une conclusion définitive, voyons ce que nous disent les douze Arcanes destinés à établir une synthèse.

Supposons que le consultant tire les cartes suivantes :

Arcanes de synthèse (ill. 110)

1. As de Coupe,
2. Cavalier de Deniers,
3. Sept de Bâton,
4. Papesse,
5. Huit de Coupe,
6. Valet de Deniers,
7. Reyne de Bâton,
8. Cavalier d'Épée,
9. Diable,
10. Roy de Coupe,
11. Dix de Bâton,
12. Reyne d'Épée.

L'**As de Coupe,** dans la Maison I, précise que le consultant connaîtra un amour pouvant le combler.

Le **Cavalier de Deniers,** dans la Maison II, confirme les gains considérables que le consultant pourra acquérir par son (nouveau) travail.

Le **Sept de Bâton,** dans la Maison III, indique que l'entourage familial du consultant contribuera à des arrangements bénéfiques qui vont se produire dans le domaine de son travail.

La **Papesse,** dans la Maison IV, représente une personne du foyer du consultant qui l'aiderait par ses conseils à sortir de l'impasse.

Le **Huit de Coupe,** dans la Maison V, confirme la fin d'un amour, événement qui, nous le savons, ne risque pas de trop bouleverser le consultant.

Le **Valet de Deniers,** dans la Maison VI, nous parle du précieux concours d'un jeune assistant qui aiderait le consultant lors de la perte de son emploi (perte motivée, peut-être, par des raisons de santé).

La **Reyne de Bâton,** dans la Maison VII, désigne une femme de l'entourage professionnel du consultant. Puisque les trois lames déjà réunies dans cette Maison signalaient des ennuis financiers pouvant être résolus grâce au conjoint ou à l'associé (aux associés), nous pourrions présumer que ce ne serait pas l'épouse mais bien une collègue de travail (« l'associée ») du consultant qui jouerait ici un rôle bénéfique.

Le **Cavalier d'Épée,** dans la Maison VIII, se réfère à un obstacle pouvant être surmonté par le consultant. Cette lame contribue ainsi à l'impact de l'affirmation des trois autres Arcanes ici présents (ils annonçaient que le consultant triompherait de ses adversités).

Le **Diable,** dans la Maison IX, semble préciser que la ruse interviendrait pour faciliter le succès prédit au consultant par les trois cartes ici réunies (le Soleil, le Trois de Deniers et le Monde).

Le **Roy de Coupe,** dans la Maison X, pourrait signifier qu'un homme d'un certain âge, très empressé à l'égard du consultant, aiderait celui-ci lors de sa reconversion professionnelle.

Le **Dix de Bâton,** dans la Maison XI, parlant de succès professionnel, confirmerait la prédiction de la Force.

La **Reyne d'Épée,** dans la Maison XII, signale qu'une veuve

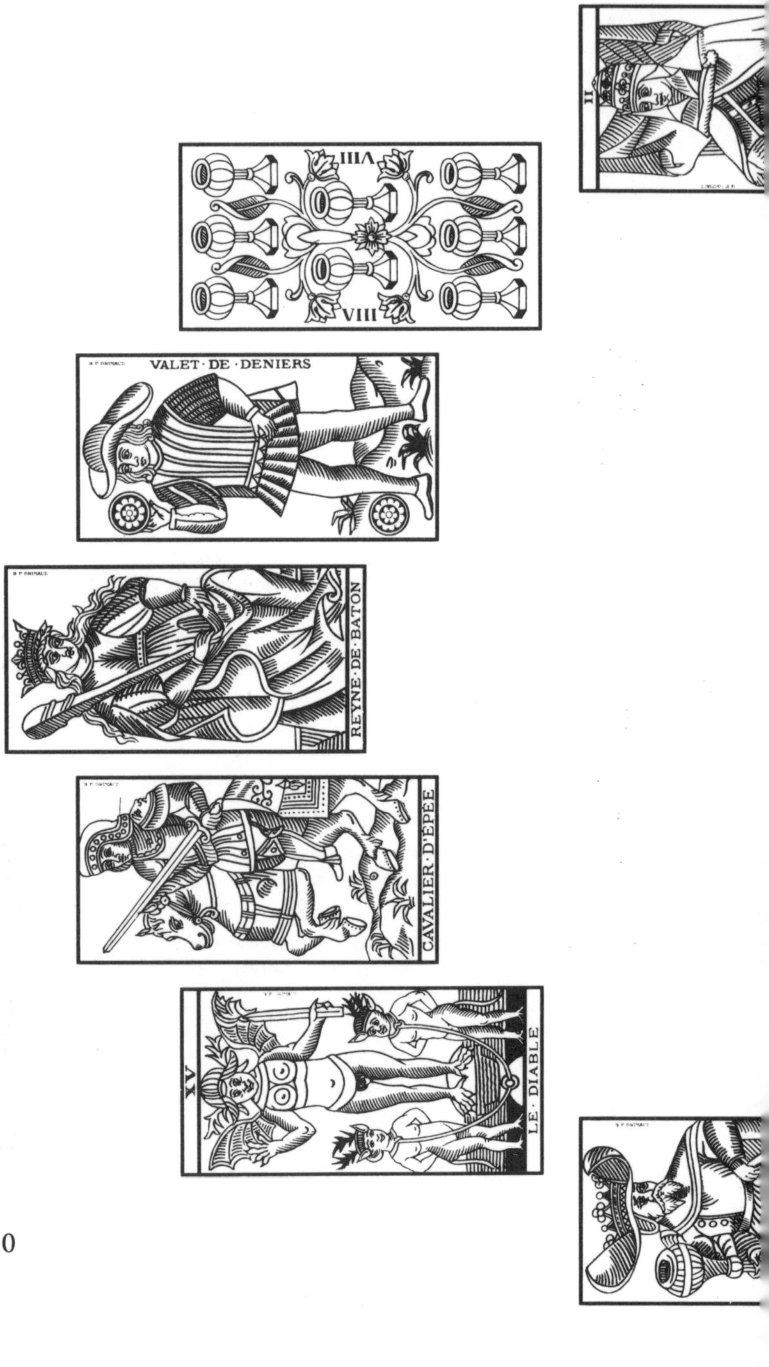
VIII
VALET·DE·DENIERS
REYNE·DE·BATON
CAVALIER·D'EPEE
LE·DIABLE

CONSULTANT

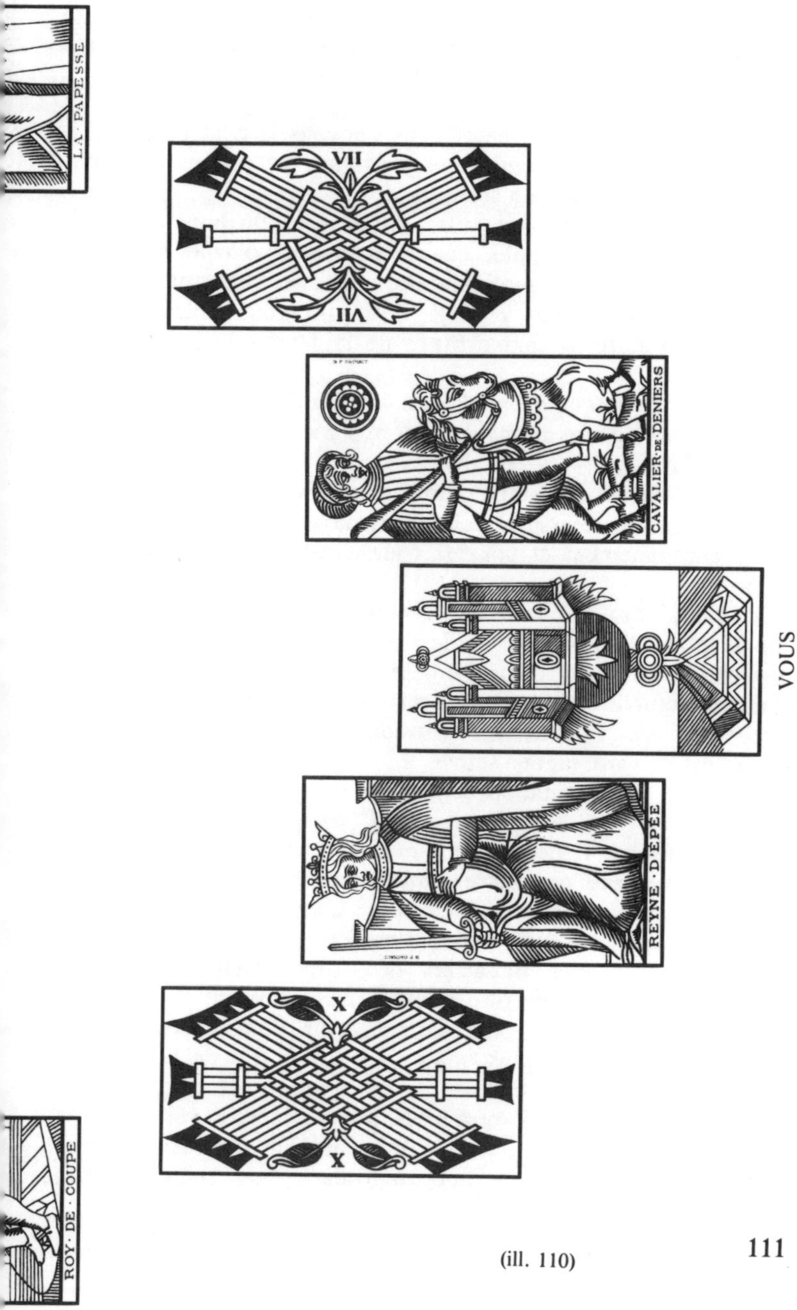
LA · PAPESSE
VII
CAVALIER · DE · DENIERS
VOUS
REYNE · D'EPEE
X
ROY · DE · COUPE

(ill. 110)

ou bien une divorcée (la nouvelle maîtresse du consultant ?) jouerait un certain rôle (apparemment bénéfique) dans sa vie pendant la période critique qu'il devra traverser.

Les Arcanes de synthèse, nous pouvons le constater, corroborent les prédictions déjà retenues. Nous ne serions donc pas dans l'erreur en disant au consultant :

— Le Tarot envisage votre avenir sous de bons auspices. S'il est vrai, par exemple, que vous risquez d'avoir à souffrir à cause d'une rupture sentimentale, « un clou chassant l'autre », vous serez rapidement consolé. Un ami vous aidera, apparemment, à faire la connaissance de la femme qui prendra la relève...

« Rien de spécial à signaler sur le plan de votre vie familiale. Votre épouse ignore probablement vos incartades, ou bien elle fait semblant...

« En ce qui concerne votre santé, vous aurez peut-être quelques ennuis. Rassurez-vous, rien de grave. Vous vous rétablirez complètement et pourrez commencer une existence toute nouvelle.

« Oui, vous devez vous attendre à un grand changement sur le plan de votre vie professionnelle. Apparemment, votre nouveau travail sera complètement différent de celui que vous exercez actuellement. Il est certain, cependant, qu'il vous apportera des satisfactions considérables, qui compenseront les ennuis de votre métier actuel.

« Cette transformation heureuse ne se produira évidemment pas du jour au lendemain. Vous traverserez d'abord une période difficile. Il ne s'agira que d'une parenthèse. Vos amis, vos relations ainsi que votre famille vous aideront à l'affronter et à repartir sur des bases nouvelles. L'étranger pourrait jouer un certain rôle dans votre nouveau métier.

« Les problèmes financiers liés, directement ou indirectement, à la perte de votre emploi vous causeront des soucis. A certains moments, vous pourrez avoir l'impression que la chance ne vous sourit plus, mais vous auriez tort de désespérer. Le Tarot est formel : grâce à des parents et à des amis, ainsi qu'à vous-même, à votre force, à votre énergie, vous pourrez remonter à la surface... ne serait-ce qu'à la dernière minute. Il est absolument certain que vous allez vous libérer de vos ennuis d'argent. Je dis mieux : vos revenus seront plus importants que jamais par le passé... »

Voilà l'interprétation que je pourrais suggérer dans un cas où les Arcanes tirés seraient ceux dont nous nous sommes servis pour cet exercice purement théorique. Ici encore, vous pourrez certainement découvrir dans la pratique d'autres possibilités.

En somme, pour réussir le Grand Jeu, il est indispensable :

1. De toujours tenir compte du domaine précis de telle ou telle Maison et, si l'une d'elles régit plusieurs domaines, de retenir celui qui semble convenir le mieux au cas précis, conformément à la signification des lames tirées ;

2. De procéder par une déduction logique, afin d'établir un rapport entre les cartes de chaque Maison ;

3. D'établir, dans la mesure du possible, des corrélations entre les différentes Maisons, autrement dit de découvrir un lien conducteur (dans notre exercice, il s'agissait du changement d'orientation professionnelle) ;

4. De tirer une première conclusion globale après l'examen de la totalité des douze messages obtenus ;

5. De vérifier si les douze Arcanes de synthèse confirment cette conclusion globale et, si ce n'était pas exactement le cas, de trouver un compromis dicté par le bon sens (par exemple, en raison des effets particulièrement bénéfiques des Arcanes du Soleil et du Monde, l'arrivée du Diable dans la Maison IX ne pouvait pas constituer, dans notre exercice, un élément défavorable) ;

6. De communiquer votre interprétation au consultant avec les précautions (diplomatiques) d'usage.

ÉTAPE 8

LES ASSOCIATIONS DE CARTES ET LEUR SIGNIFICATION

Nous avons examiné jusqu'à présent les possibilités permettant l'obtention des réponses *directes* du Tarot. Mais celui-ci peut également tenir un langage *indirect*.

Lorsqu'elles se trouvent l'une à côté de l'autre, certaines lames du Tarot sont susceptibles, en effet, de revêtir une signification particulière.

La connaissance de ce second aspect du Tarot se révèle fort utile, par exemple dans le cadre du Grand Jeu, où plusieurs cartes se trouvent réunies au sein de la même Maison.

La voyante Françoise Blasak (déjà citée) a bien voulu me faire part de quelques-unes de ses interprétations personnelles. Les voici, accompagnées d'une explication vous permettant de mieux saisir la démarche logique qui se cache derrière elles.

L'Amoureux suivi par l'Hermite (ill. 111) : stérilité.

La première lame se réfère à l'amour, la seconde évoque la solitude, l'ascétisme et autres notions diamétralement opposées à la vie familiale. D'où la déduction suggérée.

(ill. 111)

L'Amoureux suivi par le Diable (ill. 112) : avortement.

L'Arcane XV (le Diable) parle en effet d'une influence négative exercée par autrui, d'une action néfaste, etc.

(ill. 112)

Le Pendu suivi par la Maison-Dieu (ill. 113) : accident nécessitant une opération.

Un accident nous surprend, nous ne pouvons pas réagir, comme si nous avions les mains liées... notion dégagée par le Pendu qui prend ici la signification d'un accident. La Maison-Dieu (songeons à « Hôtel-Dieu »), devient synonyme d'hôpital. L'accident serait donc suivi par une hospitalisation, hypothèse d'une intervention chirurgicale.

(ill. 113)

La Maison-Dieu suivie par l'Hermite (ill. 114) : longue hospitalisation.

Nous l'avons vu, la Maison-Dieu est identifiée avec un hôpital. L'Hermite, nous le savons, implique la notion d'un retard...

(ill. 114)

L'Arcane sans nom suivi par l'Hermite (ill. 115) : régression d'une maladie.

L'Arcane sans nom (la Mort) signifie transformation. La maladie ne transforme-t-elle pas l'état de l'organisme ? Avec ses pas qui s'éloignent, l'Hermite, lui, suggère la dissipation progressive de la maladie.

(ill. 115)

La Maison-Dieu suivie par le Soleil (ill. 116) : rupture, puis réconciliation.

(ill. 116)

Nous l'avons vu, la Maison-Dieu peut annoncer une rupture sentimentale (ou autre). Image de bonheur, le Soleil, lui, implique évidemment un dénouement positif.

Ces exemples vous prouvent que l'association des cartes ne s'appuie pas uniquement sur les significations courantes attribuées aux lames du Tarot, mais s'inspire également de leur symbolisme traditionnel ou bien recherche un sens nouveau conforme à l'esprit de l'Arcane en question.

Essayons, à notre tour, de découvrir des significations particulières par le biais d'un procédé mental analogue.

Le Bateleur suivi par l'Amoureux (ill. 117) indiquerait le début d'une liaison pouvant mettre en péril le ménage du consultant. (Arcane I : début ; Arcane VI : choix important dans le domaine affectif.)

(ill. 117)

La Papesse suivie par le Pendu (ill. 118) pourrait vouloir dire : examen raté, mais possibilité de réussir ultérieurement. (Arcane II : études ; Arcane XII : échec provisoire.)

(ill. 118)

L'Impératrice suivie par l'Arcane sans nom (ill. 119) pourrait signifier une maladie mentale. (Arcane III = intelligence ; Arcane XIII : brusque transformation.)

(ill. 119)

L'Empereur suivi par la Roue de Fortune (ill. 120) suggérerait une carrière politique hasardeuse. (Arcane IV : politique ; Arcane X : manque de stabilité.)

(ill. 120)

Le Pape suivi par l'Étoile (ill. 121) annoncerait un remariage ou un amour à un âge avancé. (Arcane V : vieillesse ; Arcane XVII : nouvel amour.)

(ill. 121)

L'Amoureux suivi par la Lune (ill. 122) indiquerait l'impuissance. (Arcane VI : un homme dans la force de l'âge ; Arcane XVIII : stérilité.)

(ill. 122)

Le Chariot suivi par le Fou (ill. 123) prédirait la démission d'un poste important. (Arcane VII : situation d'éclat ; Arcane XXII : détachement.)

(ill. 123)

Ce sont là des interprétations subjectives, à vous de les retenir ou de les rejeter. Je voulais tout simplement vous fournir, au hasard, quelques exemples susceptibles de vous guider dans vos propres exercices d'association de cartes.

Néanmoins avant de vous aventurer sur le terrain (parfois glissant) des associations, vous avez tout intérêt à consolider vos notions des méthodes classiques du Tarot. Les associations de cartes donnent lieu, en effet, à des interprétations à mon avis par trop arbitraires. Seul un cartomancien expérimenté ne s'expose pas au risque de tomber dans les pièges qui nous attendent en ce domaine.

ÉTAPE 9

LE GRAND ETTEILLA

Comme il a déjà été précisé, le Grand Etteilla connut une immense popularité à l'époque napoléonienne (l'impératrice Joséphine elle-même s'en serait servie régulièrement). Encore de nos jours, beaucoup de cartomanciens professionnels l'utilisent bien volontiers.

Si les recherches des spécialistes modernes de la cartomancie ne confirment pas la thèse (vaillamment défendue au XVIIIe siècle) selon laquelle ce Tarot serait originaire de l'ancienne Égypte, il est incontestable, en revanche, que l'imagerie du Grand Etteilla fait preuve de préoccupations ésotériques et possède bien souvent des sources d'inspiration communes avec celles du Tarot de Marseille. Ainsi, par exemple, la lame n° 20 du Grand Etteilla fait songer à la Roue de Fortune du Tarot de Marseille, la lame n° 18 à l'Arcane IX (l'Hermite), etc.

Le succès du Grand Etteilla s'explique peut-être (en partie du moins) par le fait que ses 78 lames comportent des légendes destinées à faciliter leur interprétation, dans les deux sens (carte tirée droite ou bien renversée).

Voici, adaptées à notre époque, les significations fondamentales des Arcanes du Grand Etteilla.

LES 78 ARCANES DU GRAND ETTEILLA

(ill. 124)

(ill. 125)

(ill. 126)

N° 1. Etteilla (ill. 124)
Le consultant (cette lame doit être retirée du jeu si la personne qui consulte est une femme).

N° 2. Maçonnerie d'Hiram (ill. 125)
Droit : arrangement à l'amiable.
Renversé : dispute.

N° 3. Ordre des Mopses (ill. 126)
Droit : médisance.
Renversé : excursion.

N° 4. La Piscine (ill. 127)
Droit : secret dévoilé.
Renversé : grippe ou rhume, à la suite d'un bain.

N° 5. L'Évangile (ill. 128)
Droit : heureux dénouement.
Renversé : perte d'un bien matériel (argent, etc.).

N° 6. Le Ciel (ill. 129)
Droit : un amour qui naît en plein air.
Renversé : un amour qui naît dans un local *a priori* nocturne (théâtre, cinéma, dancing, etc.).

(ill. 127)

(ill. 128)

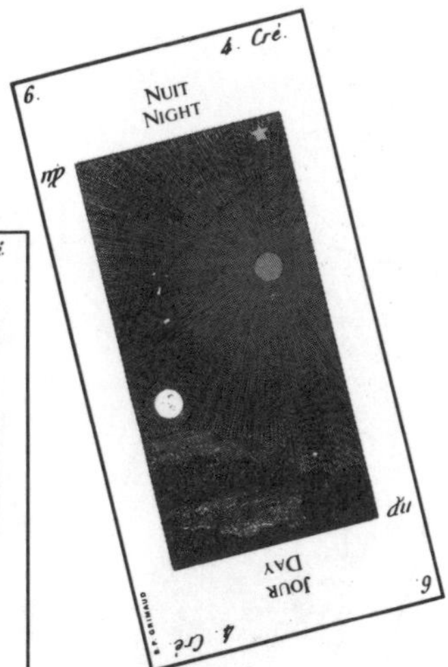

(ill. 129)

N° 7. Le Serpent (ill. 130)

Droit : action néfaste d'un ennemi secret.

Renversé : triomphe sur ses ennemis.

N° 8. La Femme (ill. 131)

La consultante (cette lame doit être retirée du jeu si la personne qui consulte est un homme).

N° 9. Salomon (ill. 132)

Droit : gain de cause.

Renversé : différend nécessitant l'intervention d'un avocat.

(ill. 130)

(ill. 131)

(ill. 132)

N° 10. L'Ange de l'Apocalypse (ill. 133)
Droit : excès alimentaire néfaste.
Renversé : maladie très grave.

N° 11. David (ill. 134)
Droit : succès.
Renversé : problèmes majeurs avec une personne dont on dépend (employeur, supérieur hiérarchique, etc.).

N° 12. Moïse (ill. 135)
Droit : ennui *(a priori* financier) inattendu.
Renversé : attitude compromettante dans un contexte social (au sein d'un parti, d'un syndicat, etc.).

(ill. 133)

(ill. 134)

(ill. 135)

(ill. 136)

(ill. 137)

(ill. 138)

N° 13. Le Grand Prêtre (ill. 136)
Droit : mariage.
Renversé : peine de cœur.

N° 14. Eve (ill. 137)
Droit : faute extrêmement grave.
Renversé : adultère.

N° 15. Aaron (ill. 138)
Droit : maladie pouvant être soignée avec succès par la médecine parallèle.
Renversé : affections psychosomatiques.

(ill. 139)

(ill. 140)

(ill. 141)

N° 16. Le Jugement dernier (ill. 139)
Droit : une décision (*a priori* judiciaire) attendue.
Renversé : une affaire jugée.

N°17. La Mort (ill. 140)
Droit : décès.
Renversé : échec.

N° 18. Judas Iscariote (ill. 141)
Droit : trahison.
Renversé : un traître qui tombe dans son propre piège.

N° 19. Le Capitole (ill. 142)

Droit : grand malheur.

Renversé : peine de prison.

N° 20. Nabuchodonosor (ill. 143)

Droit : subite infortune.

Renversé : malheur majeur.

N° 21. Roboam (ill. 144)

Droit : révolution (écrasée) dans un pays qui concerne (pour une raison ou une autre) le consultant.

Renversé : changement politique (chef d'État déchu, etc.) dans un pays qui concerne (pour une raison ou une autre) le consultant.

(ill. 142)

(ill. 143)

(ill. 144)

(ill. 145)

(ill. 146)

(ill. 147)

N° 22. Le Roi de France (ill. 145)

Droit : arrivée d'un parent (de province).

Renversé : un ami sincère mais peu indulgent.

N° 23. La Reine de France (ill. 146)

Droit : une provinciale bien intentionnée et pouvant se rendre utile.

Renversé : une provinciale bien intentionnée mais incapable de se rendre utile.

N° 24. Le Chevalier du Guet (ill. 147)

Droit : médiation de mariage.

Renversé : tentative pour désunir un couple.

N° 25. Le Messager (ill. 148)

Droit : courrier en provenance de l'étranger.

Renversé : courrier sans importance.

N° 26. Les dix bâtons (ill. 149)

Droit : trahison.

Renversé : excursion annulée.

N° 27. Les neuf bâtons (ill. 150)

Droit : contretemps professionnel.

Renversé : obstacle franchissable mais avec difficulté.

(ill. 148)

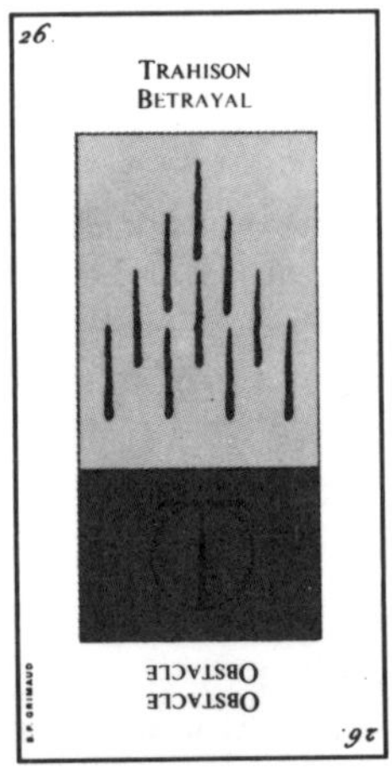

(ill. 149)

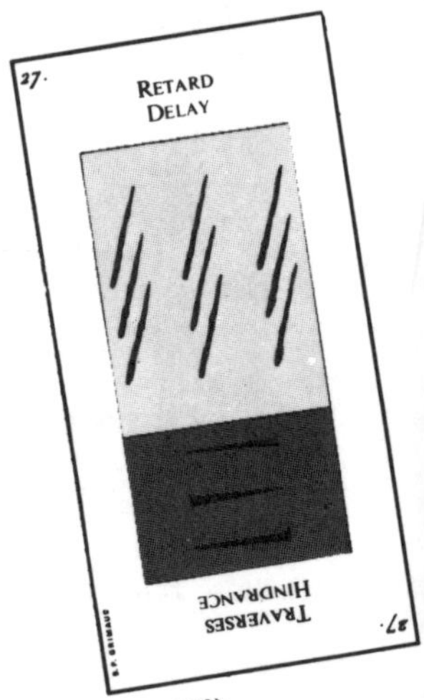

(ill. 150)

N° 28. Les huit bâtons (ill. 151)
Droit : voyage réussi.
Renversé : scène de ménage.

N° 29. Les sept bâtons (ill. 152)
Droit : pourparlers négatifs.
Renversé : affaire en suspens.

N° 30. Les six bâtons (ill. 153)
Droit : dispute entre les subordonnés du consultant.
Renversé : lettre égarée.

(ill. 151)

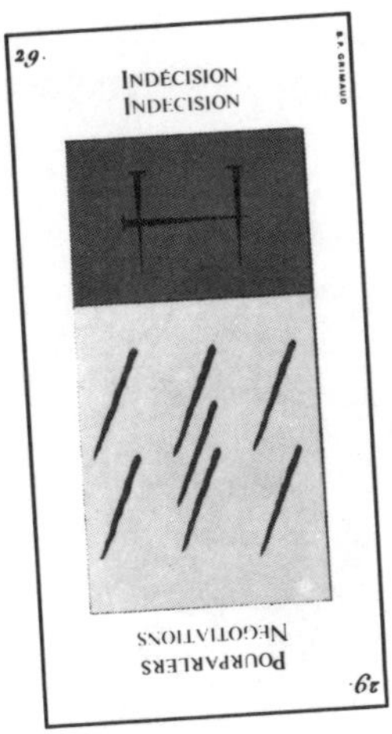

(ill. 152)

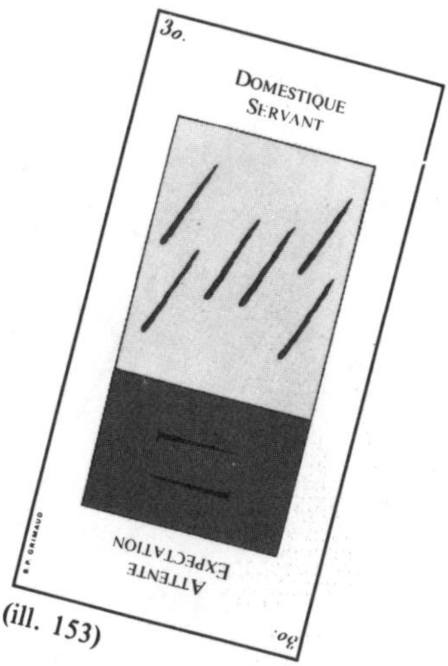

(ill. 153)

N° 31. Les cinq bâtons (ill. 154)
Droit : gain mineur et obtenu avec difficulté.
Renversé : procès perdu.

N° 32. Les quatre bâtons (ill. 155)
Droit : mondanités.
Renversé : absence de problèmes.

N° 33. Les trois bâtons (ill. 156)
Droit : réussite dans les affaires.
Renversé : récompense matérielle.

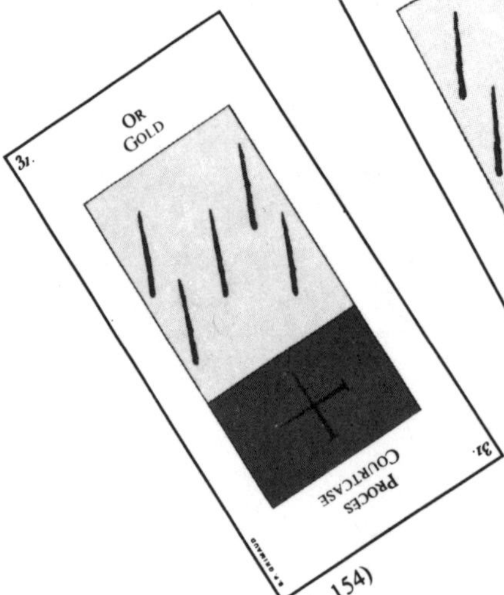

(ill. 154)

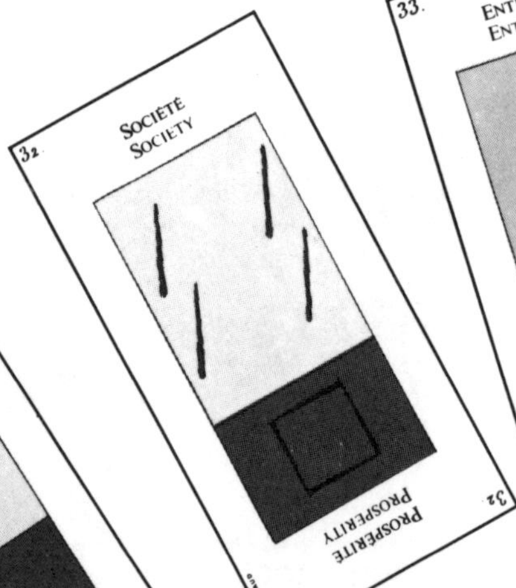

(ill. 155)

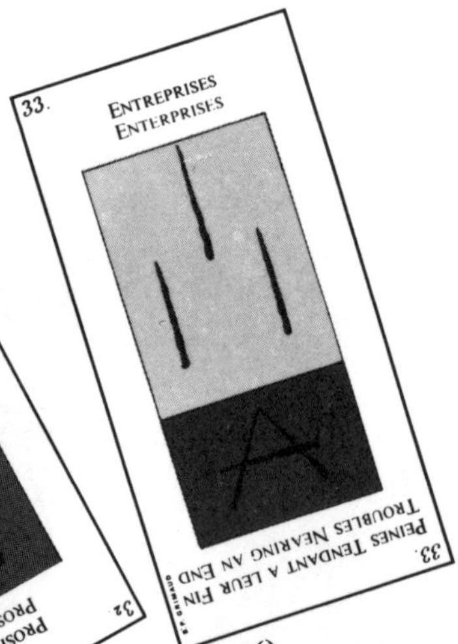

(ill. 156)

N° 34. Les deux bâtons (ill. 157)

Droit : départ ou absence inattendus d'une personne chère.

Renversé : arrivée inattendue d'une personne chère.

N° 35. La verge de Moïse (ill. 158)

Droit : paternité (maternité s'il s'agit d'une consultante) probable.

Renversé : avortement.

N° 36. Le Pape (ill. 159)

Droit : un ami (blond) bienveillant.

Renversé : une personne (puissante) malveillante.

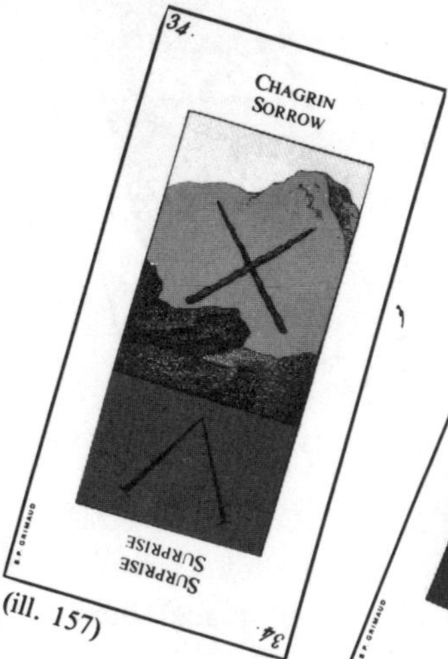

(ill. 157)

(ill. 158)

(ill. 159)

(ill. 160)

(ill. 161)

(ill. 162)

N° 37. La Papesse (ill. 160)

Droit : femme (blonde) bienveillante.

Renversé : femme (épouse d'un homme haut placé) bien intentionnée à l'égard du consultant.

N° 38. Le Cavalier romain (ill. 161)

Droit : honneurs.

Renversé : mauvaise farce.

N° 39. Le Valet du Pape (ill. 162)

Droit : un jeune (blond) digne de confiance.

Renversé : un jeune (blond) indigne de confiance.

N° 40. Les dix coupes (ill. 163)
Droit : honneurs, distinctions.
Renversé : contrariété majeure avec possibilité de conséquences fâcheuses.

N° 41. Les neuf coupes (ill. 164)
Droit : succès, prospérité dans les affaires.
Renversé : une faute (professionnelle ou autre).

N° 42. Les huit coupes (ill. 165)
Droit : amour pour une jeune blonde (si la personne qui consulte est une femme : amitié pour une jeune blonde).
Renversé : remboursement (inattendu) d'une dette.

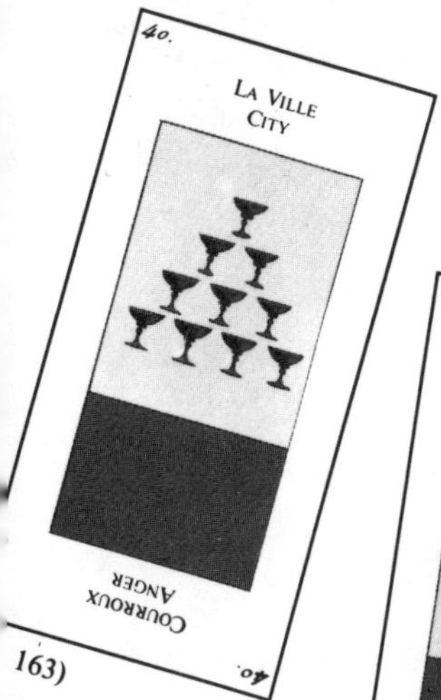

163)

(ill. 164)

(ill. 165)

(ill. 166)

(ill. 167)

(ill. 168)

N° 43. Les sept coupes (ill. 166)
Droit : projet de mariage ou, du moins, désir d'une femme.
Renversé : projets plaisants.

N° 44. Les six coupes (ill. 167)
Droit : agréments mineurs.
Renversé : récompenses futures.

N° 45. Les cinq coupes (ill. 168)
Droit : héritage mineur.
Renversé : fin d'un espoir d'héritage.

(ill. 169)

(ill. 170)

(ill. 171)

N° 46. Les quatre coupes (ill. 169)

Droit : mondanités ennuyeuses.

Renversé : connaissances nouvelles mais sans intérêt.

N° 47. Les trois coupes (ill. 170)

Droit : succès dans un domaine intellectuel ou bien dans une affaire.

Renversé : voyage ou entreprise à l'issue incertaine.

N° 48. Les deux coupes (ill. 171)

Droit : amour heureux (si le consultant ou la consultante ne sont pas encore liés sentimentalement).

Renversé : amour malheureux.

(ill. 172)

(ill. 173)

(ill. 174)

N° 49. La Coupe de Balthazar (ill. 172)
Droit : excès alimentaire.
Renversé : un changement dans le domaine des affaires.

N° 50. L'Empereur d'Allemagne (ill. 173)
Droit : homme de loi (relativement) intègre.
Renversé : contrariétés sur un plan juridique ou autre.

N° 51. L'Impératrice d'Allemagne (ill. 174)
Droit : veuvage.
Renversé : une femme malveillante.

N° 52. Le Cavalier allemand (ill. 175)
Droit : action néfaste (effectuée par un militaire).
Renversé : gaspillage.

N° 53. Le Soldat allemand (ill. 176)
Droit : un ennemi secret.
Renversé : nouvelle imprévue.

N° 54. Les dix épées (ill. 177)
Droit : chagrin.
Renversé : profit mineur.

(ill. 175)

(ill. 176)

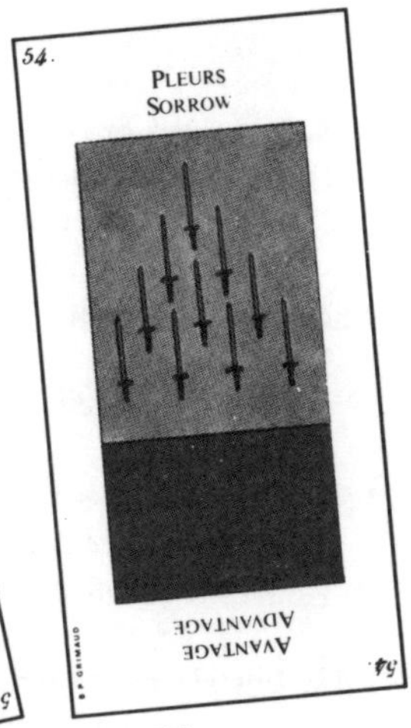

(ill. 177)

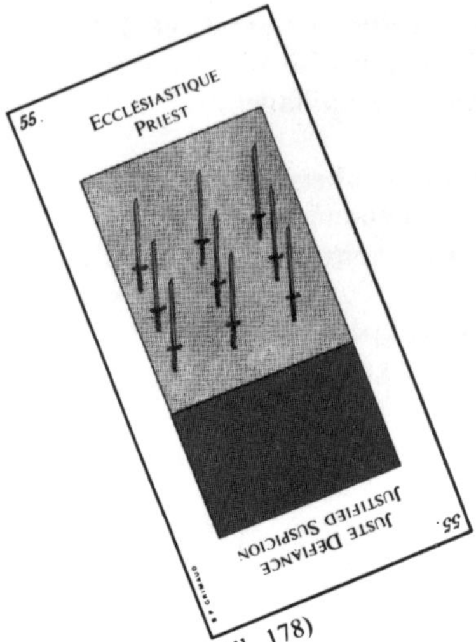

(ill. 178)

N° 55. Les neuf épées (ill. 178)
Droit : un membre malveillant du clergé.
Renversé : un ennemi secret.

N° 56. Les huit épées (ill. 179)
Droit : blâme.
Renversé : satisfaction mineure.

N° 57. Les sept épées (ill. 180)
Droit : secours amical.
Renversé : conseils qui mériteraient d'être écoutés.

N° 58. Les six épées (ill. 181)
Droit : voyage interrompu.
Renversé : aide apportée à autrui (dans un procès).

N° 59. Les cinq épées (ill. 182)
Droit : décès d'une personne chère.
Renversé : deuil.

N° 60. Les quatre épées (ill. 183)
Droit : solitude.
Renversé : problèmes financiers majeurs.

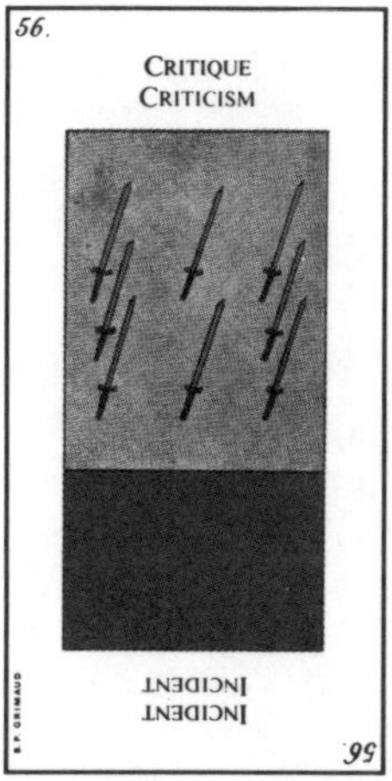

(ill. 179)

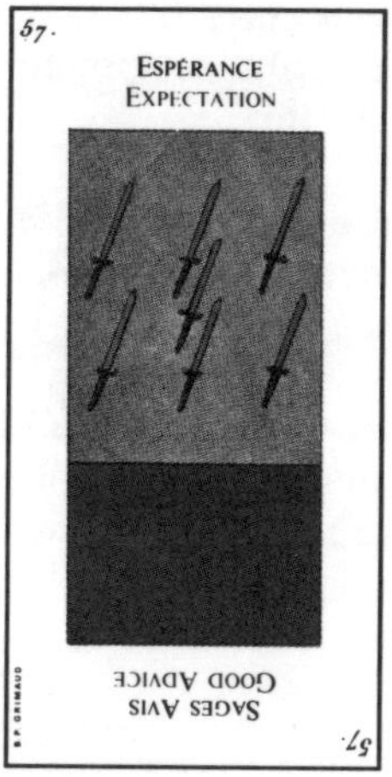

(ill. 180)

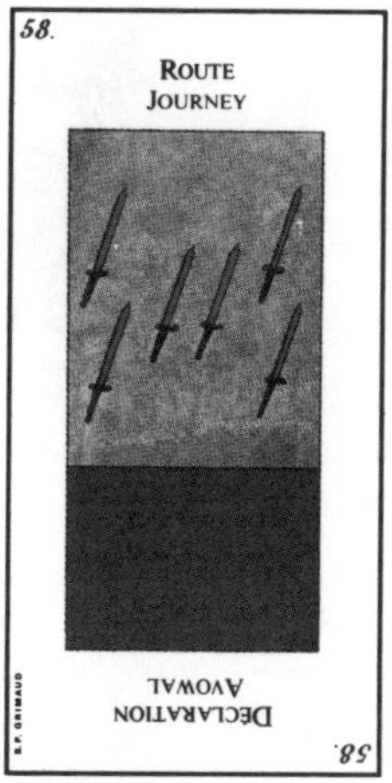

(ill. 181)

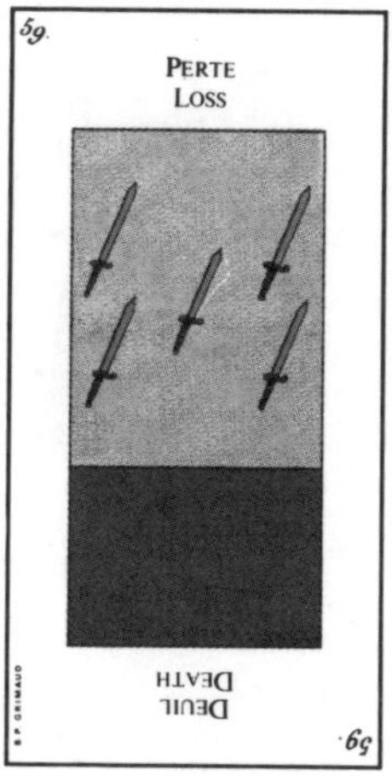

(ill. 182)

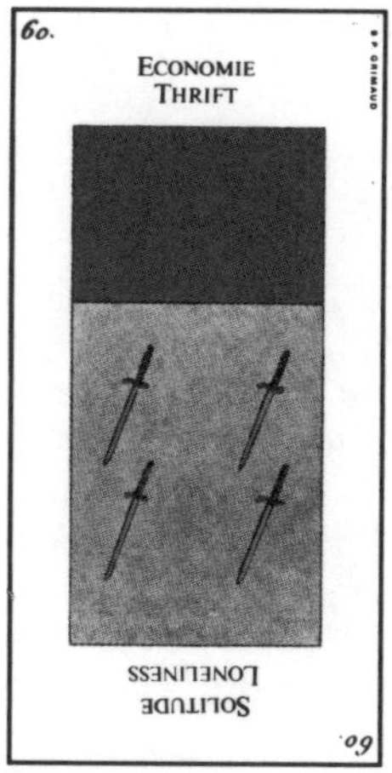

(ill. 183)

N° 61. Les trois épées (ill. 184)

Droit : une absence préjudiciable sur le plan sentimental.

Renversé : flirt.

N° 62. Les deux épées (ill. 185)

Droit : détresse d'un ami.

Renversé : un faux ami.

N° 63. L'Épée de saint Pierre (ill. 186)

Droit : situation difficile nécessitant une décision importante.

Renversé : une femme enceinte.

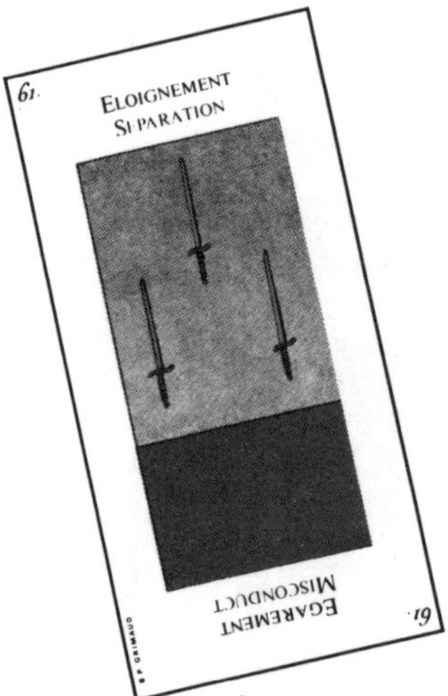

(ill. 184)

(ill. 185)

(ill. 186)

N° 64. Le Soudan d'Égypte (ill. 187)
Droit : un homme (brun) bienveillant.
Renversé : un vicieux.

N° 65. La Reine de Saba (ill. 188)
Droit : une femme (brune) séduisante (ou du moins qui essaie de séduire).
Renversé : une liaison avec une femme de moralité douteuse.

N° 66. Le Cavalier tartare (ill. 189)
Droit : un homme qui se rendra utile.
Renversé : défaillance d'une personne (un ami, par exemple) sur lequel on comptait.

(ill. 187)

(ill. 188)

(ill. 189)

N° 67. Le lazzarone (ill. 190)
Droit : un jeune homme (brun) pouvant se rendre utile.
Renversé : mauvaises fréquentations.

N° 68. Les dix écus (ill. 191)
Droit : placement immobilier avantageux.
Renversé : malchance au jeu.

N° 69. Les neuf sequins d'or (ill. 192)
Droit : titre de paiement (chèque...) non couvert.
Renversé : escroquerie.

N° 70. Les huit ducats (ill. 193)
Droit : dépenses superflues à cause d'une femme (brune).
Renversé : perte au jeu.

(ill. 190)

(ill. 191)

(ill. 192)

(ill. 193)

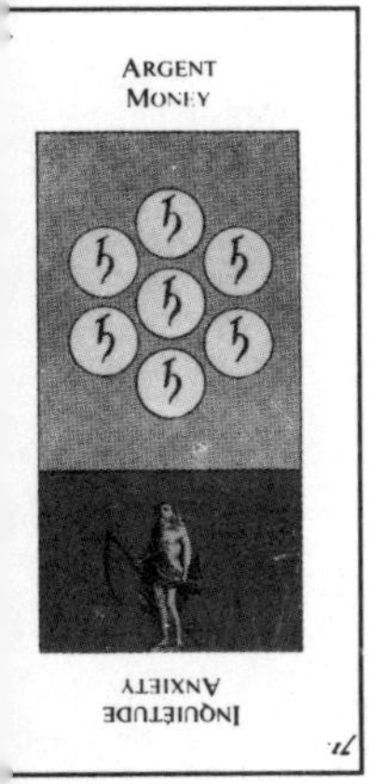

l. 194)

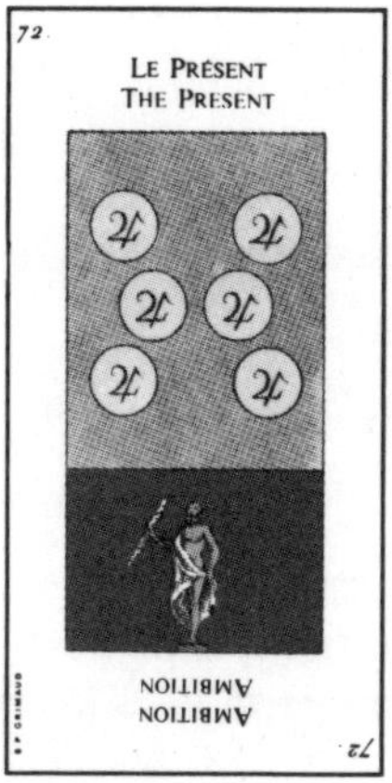

(ill. 195)

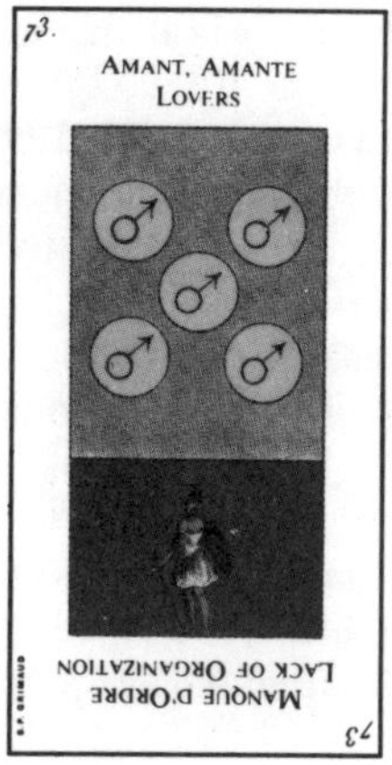

(ill. 196)

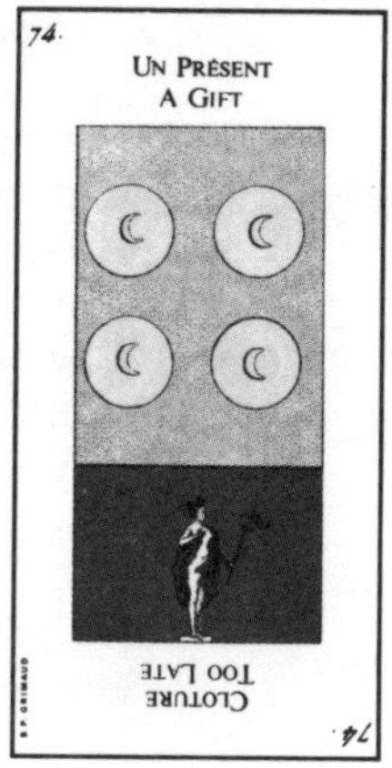

(ill. 197)

N° 71. Les sept florins d'or (ill. 194)
Droit : recouvrement (ne serait-ce que partiel) d'un montant dû.
Renversé : difficulté financière.

N° 72. Les six guinées (ill. 195)
Droit : encaissements retardés.
Renversé : dépenses dictées par un projet ambitieux.

N° 73. Les cinq onces d'or (ill. 196)
Droit : obstacles financiers à un mariage.
Renversé : difficultés financières.

N° 74. Les quatre écus d'argent (ill. 197)
Droit : profit mineur.
Renversé : déception.

N° 75. Les trois écus d'or (ill. 198)
Droit : emprunt de la part d'une personne digne de confiance.
Renversé : un enfant dépensier.

N° 76. Les deux deniers (ill. 199)
Droit : problèmes financiers.
Renversé : lettre avec mauvaise nouvelle.

N° 77. Le Soleil d'or (ill.200)
Droit : profit financier majeur et inattendu.
Renversé : argent trouvé.

N° 78. L'Alchimiste ou le Fou (ill. 201)
Droit : une extravagance regrettable à venir.
Renversé : une extravagance regrettable déjà faite.

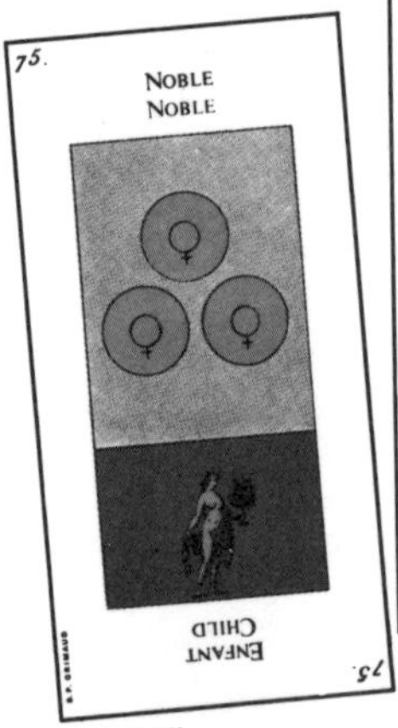

(ill. 198)

(ill. 199)

(ill. 200)

(ill. 201)

Etteilla élabora lui-même les règles du Tarot qui porte son nom. Tout en vous signalant que cette méthode — à mon avis trop complexe — est minutieusement décrite dans un ouvrage spécialisé (Thylbus : *Cartes et tarots,* Éditions Dangles), je préfère vous faire connaître celle (beaucoup plus simple) de l'un des disciples d'Etteilla qui possède l'avantage de réduire considérablement les opérations préliminaires.

DIVINATION PAR LE GRAND ETTEILLA

1. Battez les cartes.
2. Faites couper par le (la) consultant (e), en lui demandant de se servir de la main gauche.
3. Retirez du jeu toutes les cinquièmes cartes et disposez-les, dans l'ordre, de gauche à droite, à la file.
4. Répétez l'opération n° 3 autant de fois que nécessaire pour que le nombre des cinquièmes cartes retirées et disposées devant vous puisse atteindre 45.
5. Interprétez toutes les septièmes cartes parmi les 45 tirées.
6. Retirez les cartes interprétées.
7. Répétez, à quatre reprises, les opération nos 5 et 6.

EXERCICE D'INTERPRÉTATION

Supposons une consultation où les 15 tarots du Grand Etteilla retirés selon la méthode indiquée seraient les suivants (ill. 202).

CONSULTANT

Manque d'Ordre
Lack of Organization
Amant, Amante
Lovers
Traitre
Traitor
Traitre
Traitor
Eloignement
Separation
Egarement
Misconduct
Projets
Plans
La Pensee
Thought
Garcon Blond
Blond Boy
Penchant
Inclination
Lettre
Letter
Embarras
Difficulties
Enfant
Child
Noble
Noble
Dispute Intestine
Domestic Dispute
Campagne
Country
Desunion
Disunion
Depart
Departure
Indecision
Indecision
Pourparlers
Negotiations
Attente
Expectation
Domestique
Servant
Chute
Fall
Naissance
Birth
Retard
Delay
Traverses
Hindrance
Expédition
Expedition
Reussite
Success
Ambition
Ambition
Le Present
The Present
Mortalité
Death
Neant
Nothingness
Depouillement
Loss
Air
Air
Prospérité
Prosperity
Societe
Society
Homme Vicieux
Depraved Man
Homme Brun
Dark Haired Man
Duperie
Deception
Effet
Bills
Espérance
Expectation
Good Advice
Ennui
Boredom
New Acquaintances
Grossesse
Pregnancy
Difficult Situation
Parent
Relative
Inheritance
Le Souverain
Monarch
La Force
Strength
Obstacle
Obstacle
Trahison
Betrayal
Folie
Madness
Folie
Madness

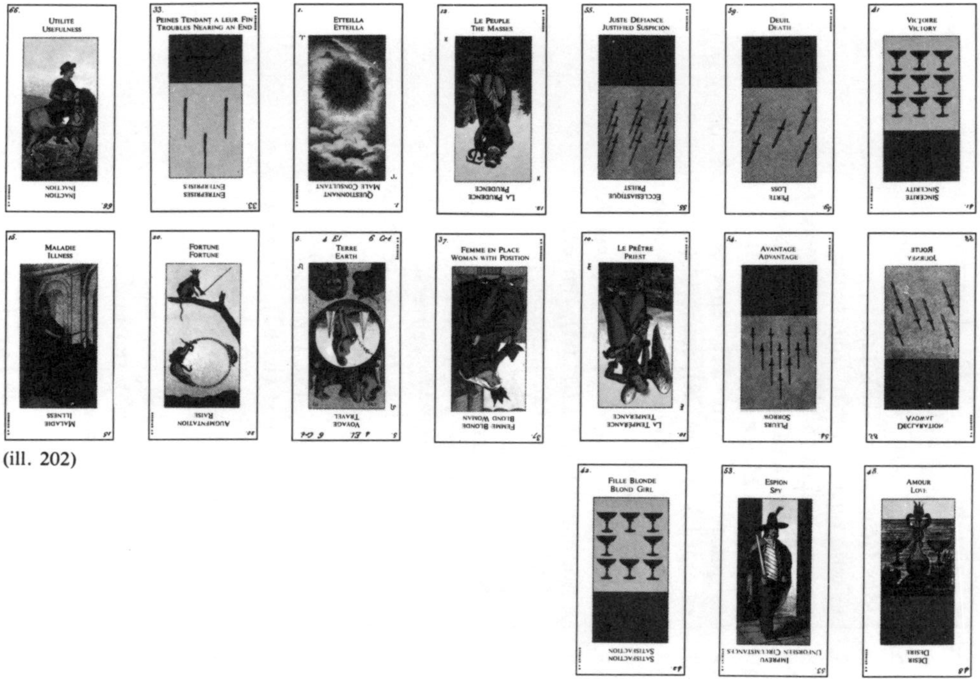
Utilité
Usefulness
Peines Tendant a leur Fin
Troubles Nearing an End
Etteilla
Etteilla
Le Peuple
The Masses
Juste Défiance
Justified Suspicion
Deuil
Death
Victoire
Victory
Maladie
Illness
Fortune
Fortune
Terre
Earth
Femme en Place
Woman with Position
Le Prêtre
Priest
Avantage
Advantage
Fille Blonde
Blond Girl
Espion
Spy
Amour
Love

(ill. 202)

VOUS

1. Les trois écus d'or (n° 75), renversé ;
2. Les deux deniers (n° 76), renversé ;
3. Le Valet du Pape (n° 39), droit ;
4. Les sept coupes (n° 43), renversé ;
5. Les trois épées (n° 61), droit ;
6. Judas Iscariote (n° 18), droit ;
7. Les cinq onces d'or (n° 73), renversé ;
8. Les neuf bâtons (n° 27), droit ;
9. Le Jugement dernier (n° 16), renversé ;
10. La Verge de Moïse (n° 35), renversé ;
11. Les quatre bâtons (n° 32), renversé ;
12. Les sept bâtons (n° 29), renversé ;
13. Le Chevalier du Guet (n° 24), renversé ;
14. Les huit bâtons (n° 28), renversé ;
15. Les neuf sequins d'or (n° 69), renversé ;
16. Le Soudan d'Égypte (n° 64), renversé ;
17. Les six bâtons (n° 30), renversé ;
18. La piscine (n° 4), droit ;
19. La Mort (n° 17), droit ;
20. Les six guinées (n° 72), renversé ;
21. Les trois coupes (n° 47), renversé ;
22. L'Alchimiste ou le Fou (n° 78), renversé ;
23. Les dix bâtons (n° 26), renversé ;
24. David (n° 11), renversé ;
25. Les cinq coupes (n° 45), renversé ;
26. L'épée de saint Pierre (n° 63), renversé ;
27. Les quatre coupes (n° 46), droit ;
28. Les sept épées (n° 57), droit ;
29. Les neuf coupes (n° 41), droit ;
30. Les cinq épées (n° 59), renversé ;
31. Les neuf épées (n° 55), renversé ;
32. Moïse (n° 12), renversé ;
33. Etteilla (n° 1) ;
34. Les trois bâtons (n° 33), renversé ;
35. Le Cavalier tartare (n° 66), droit ;
36. Les six épées (n° 58), droit ;
37. Les dix épées (n° 54), renversé ;
38. L'Ange de l'Apocalypse (n° 10), renversé ;
39. La Papesse (n° 37), renversé ;
40. L'Évangile (n° 5), renversé ;

41. Nabuchodonosor (n° 20), droit ;
42. Aaron (n° 15), droit ;
43. Les deux coupes (n° 48), droit ;
44. Le Soldat allemand (n° 53), droit ;
45. Les huit coupes (n° 42), droit.

Au premier tour, les septièmes cartes seraient donc les suivantes (ill. 203) :

1. Les cinq onces d'or (n° 73), renversé ;
2. Les huit bâtons (n° 28), renversé ;
3. Les trois coupes (n° 47), renversé ;
4. Les sept épées (n° 57), droit ;
5. Le Cavalier tartare (n° 66), droit ;
6. Aaron (n° 15), droit.

(ill. 203)

Interprétation suggérée

Le consultant affronte des problèmes financiers parce qu'il est mal organisé (n° 73 renversé), ce qui lui vaut d'être âprement critiqué par sa femme (n° 28 renversé), mais ses amis finiront par l'aider (n° 57 droit) et la collaboration d'un homme très dynamique contribuera à le sortir d'embarras (n° 66 droit) ; il devra cependant faire face à une maladie et aurait intérêt à consulter un guérisseur plutôt qu'un médecin (n° 15 droit).

Sans compter, évidemment, les cartes déjà interprétées, au deuxième tour les septièmes tarots seraient les suivants (ill. 204) :

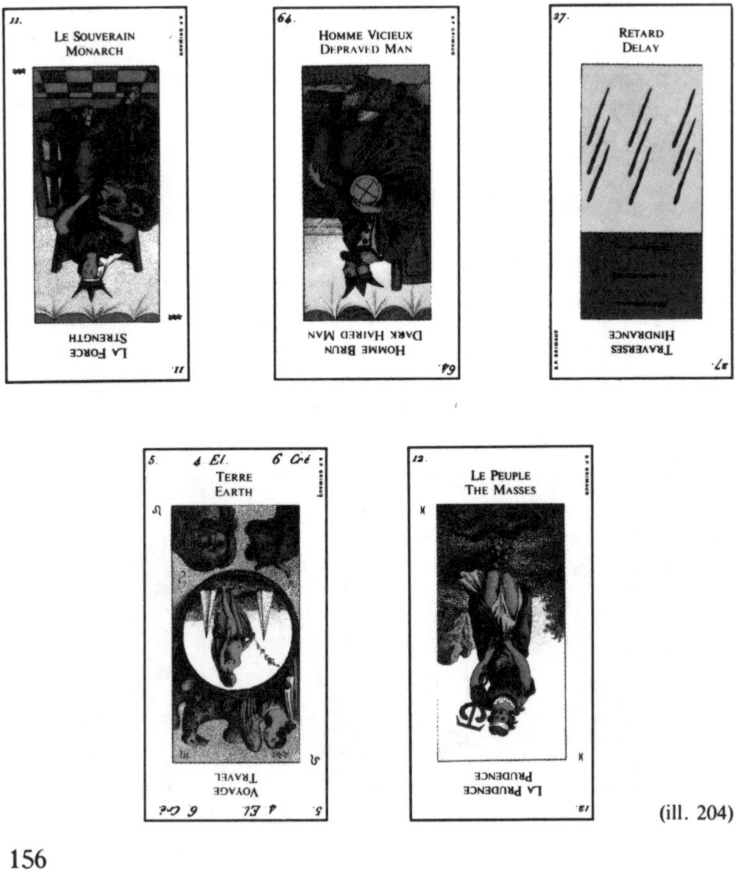

(ill. 204)

1. Les neuf bâtons (n° 27), droit ;
2. Le Soudan d'Égypte (n° 64), renversé ;
3. David (n° 11), renversé ;
4. Moïse (n° 12), renversé ;
5. L'Évangile (n° 5), renversé.

Interprétation suggérée

Un retard imprévu se produirait dans les affaires du consultant (n° 27 droit) à la suite des manigances d'un homme qui aurait jeté son dévolu sur une jeune femme à laquelle le consultant lui-même s'intéresserait (n° 64 renversé). Celui-ci pourrait avoir, par ailleurs, des problèmes avec son employeur (n° 11 renversé), qui lui reprocherait une certaine prise de position syndicale (n° 12 renversé), et cela causerait des préjudices au consultant (n° 5 renversé).

Continuant à ne pas compter les tarots déjà interprétés, au troisième tour les septièmes tarots seraient les suivants (ill. 205) :

1. Le Jugement dernier (n° 16), renversé ;
2. La Piscine (n° 4), droit ;
3. Les quatre coupes (n° 46), droit ;
4. Les dix épées (n° 54), renversé.

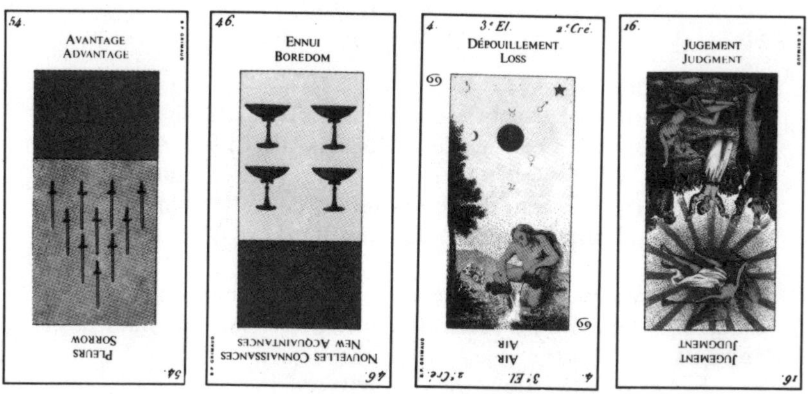

(ill. 205)

Interprétation suggérée

Une affaire jugée (n° 16 renversé) aboutira à la révélation d'un secret (n° 4 droit), entraînera des fréquentations ennuyeuses (n° 46 droit) et ne pourra assurer au consultant que des avantages mineurs (n° 54 renversé).

Au quatrième tour, nous aurions à examiner les septièmes tarots suivants (ill. 206).

1. La Verge de Moïse (n° 35), renversé ;
2. Les six guinées (n° 72), renversé ;
3. Les neuf épées (n° 55), renversé ;
4. Les deux coupes (n° 48), droit.

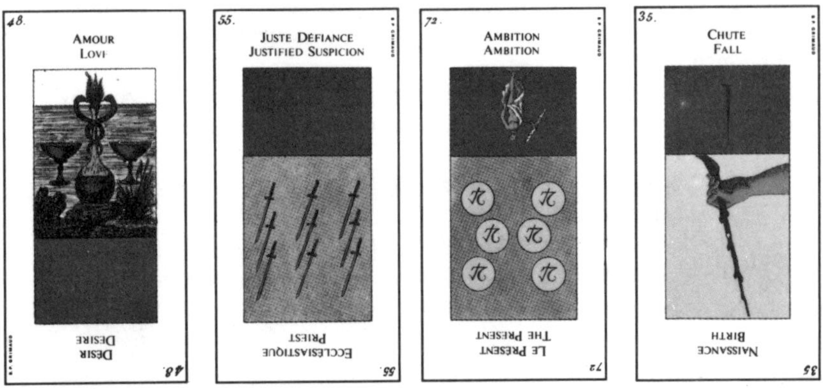

(ill. 206)

Interprétation suggérée

L'enfant espéré par le consultant risque de ne pas voir le jour (n° 35 renversé) et les dépenses destinées à le sauver pourraient se révéler vaines (n° 72 renversé), tandis qu'un faux ami (n° 35 renversé) profiterait de cette situation pour essayer de détruire le ménage du consultant (n° 48 droit).

Toujours par le procédé déjà utilisé à quatre reprises, au cinquième tour il nous resterait à interpréter les septièmes tarots suivants (ill. 207) :

1. Les quatre bâtons (n° 32), renversé ;
2. Les dix bâtons (n° 26), renversé ;
3. Les six épées (n° 58), droit.

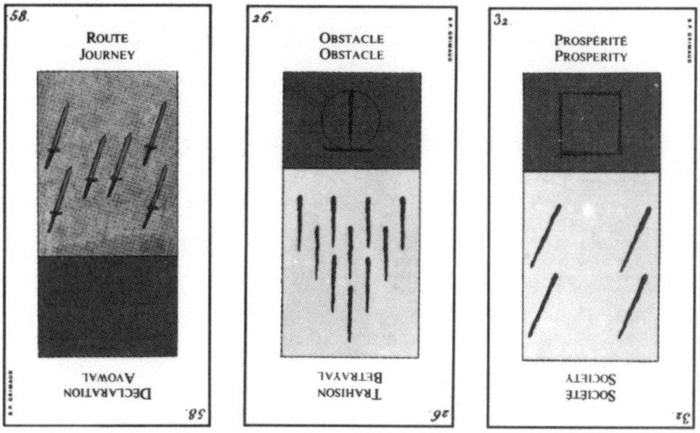

(ill. 207)

Interprétation suggérée

Dans son ensemble, la situation du consultant finira par se stabiliser (n° 32 renversé), mais la chance ne lui sourira guère quant aux voyages, qu'ils soient mineurs (n° 26 renversé) ou majeurs (n° 58 droit).

J'aimerais signaler que certains cartomanciens se servent des cartes restantes (dans le cadre de notre exercice, sur les 45, nous n'en avons interprété que 22) pour constituer des tas de 7, 6, 5, 4 et 2 tarots, afin de les interpréter à leur tour, et cela selon le principe suivant :

1er tas : sept cartes concernant le foyer du consultant ;

2e tas : six cartes se rapportant au consultant ;

3e tas : cinq cartes sur les activités extérieures ;

4e tas : quatre cartes indiquant des éléments de surprise ;

5e tas : deux cartes apportant des éléments de consolation.

Notons également que le système de l'association des cartes (que nous avons étudié à propos du Tarot de Marseille) trouve aussi des applications dans le cadre du Grand Etteilla. La notice explicative qui accompagne chaque jeu du Grand Etteilla vendu dans le commerce contient tous les renseignements à ce sujet.

ÉTAPE 10

LE JEU DE Mlle LENORMAND, LA SIBYLLE DES SALONS, ORACLE BELLINE

Sans vouloir insister sur la valeur divinatoire toute particulière que j'accorde à l'Ancien Tarot de Marseille, je dois préciser ma pensée : la majeure partie des autres tarots actuellement diffusés en France conviennent davantage aux jeux de société qu'à une divination ayant pour but d'aider convenablement l'individu. C'est là mon opinion personnelle. Je pourrais me tromper. Quoi qu'il en soit, vous avez pu comparer le Tarot de Marseille avec le Grand d'Etteilla et constater la différence de nature des prédictions pouvant être obtenues par leur intermédiaire. A vous de juger !

Afin de vous permettre de mieux vous documenter, je vous présente trois autres jeux de Tarot fort populaires.

Le Grand Jeu de Mlle Lenormand

Selon les chroniqueurs de la petite histoire, Napoléon Bonaparte aurait compté parmi les nombreux clients de la voyante Marie-Anne Adélaïde Lenormand (née à Alençon

(ill. 208)

(ill. 209)

en 1772), à qui l'on attribuait, entre autres, deux prédictions sensationnelles : l'assassinat de Marat et la décapitation de Robespierre.

Le Tarot de Mlle Lenormand date de 1845 et comporte 54 cartes. Deux de celles-ci représentent des personnages du XVIIe siècle, un seigneur et une dame (ill. 208 et 209), cartes désignant le consultant ou la consultante. Les 52 autres lames du jeu se distinguent par la multiplicité de leurs illustrations, notamment par :

1. la reproduction d'une carte déterminée du jeu de piquet (coin supérieur gauche) ;
2. une référence astrologique (milieu de la partie supérieure) ;
3. un sujet (le plus souvent mythologique) central ;
4. deux sujets secondaires (extrémités de la partie inférieure) ;
5. un dessin floral (entre les deux dessins inférieurs).

La reproduction d'une carte du jeu de piquet donne son nom (roi de trèfle, etc.) au tarot dont il s'agit et dégage des significations divinatoires.

La référence astrologique sert au calcul de données chronologiques (époque approximative d'un événement prédit, etc.).

Le sujet central de même que les deux sujets secondaires et le dessin floral dégagent, à leur tour, des significations divinatoires diverses.

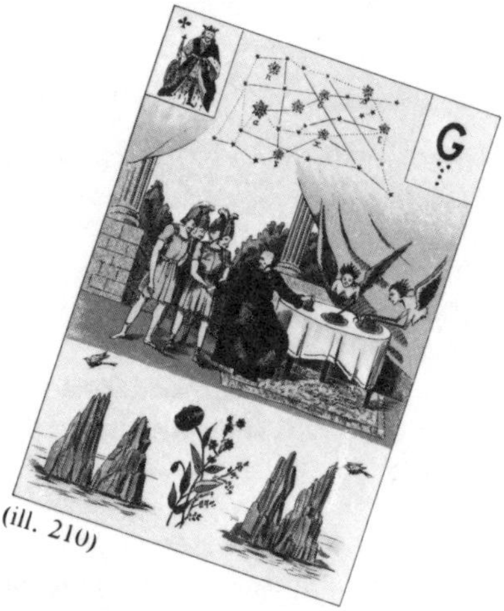

(ill. 210)

Prenons, par exemple, le roi de trèfle (ill. 210).

La reproduction elle-même du roi de trèfle parle d'un homme de savoir et de grande sagacité, capable de donner des avis sages et judicieux.

Le sujet central (Phinée, roi de Thrace, et les Argonautes) indique : « suivre en tous points les conseils d'un vieillard que vous aurez besoin de consulter ».

Le sujet secondaire de gauche (une colombe qui s'éloigne de deux rochers) veut dire : « sécurité sur l'entreprise d'un voyage ».

Le sujet secondaire de droite (une colombe qui s'approche de deux rochers) signifie : « défiance et précaution à prendre pour un voyage ».

Les fleurs (plumbago, basilic, pavot) annoncent : « une entreprise que vous êtes sur le point de faire est chanceuse, mais il y a richesse et gloire, et, en prenant des précautions et les conseils d'un homme sage, vous réussirez ».

Selon la méthode choisie (Mlle Lenormand en mit au point plusieurs), telle ou telle autre de ces cinq significations (parfois deux ou même trois ou quatre) doit être retenue.

La notice explicative jointe au Grand Jeu de Mlle Lenormand (édité par la Manufacture de cartes à jouer B.-P. Grimaud) pourra vous révéler les différentes (et complexes) méthodes de divination pouvant être utilisées avec ce Tarot.

La Sibylle des salons

Ce jeu date aussi du XIXe siècle et comporte 52 tarots. Au coin supérieur gauche de chaque lame figure la reproduction d'un élément du jeu de piquet, ce qui est fort utile aux familiers de la divination par les cartes à jouer, car il permet l'établissement de corrélations.

Voici les significations des 52 tarots de la Sibylle des salons (la non-concordance de ces significations avec celles de la notice explicative de « la Sibylle des salons » (éd. 1969) vient du fait que cette dernière contenait des erreurs) :

N° 1. Amour (ill. 211)

Droit : rencontre prochaine de la personne aimée.

Renversé : impossibilité de rencontrer prochainement la personne aimée.

N° 2. Amie sincère (ill. 212)

Droit : une femme digne de sympathie.

Renversé : une femme indigne de sympathie.

(ill. 211)

(ill. 212)

(ill. 213)

(ill. 214)

N° 3. Absence (ill. 213)
Prochaine arrivée des nouvelles attendues.

N° 4. Attente (ill. 214)
Droit : succès, joie.
Renversé : inquiétude mineure.

N° 5. Beaucoup d'argent (ill. 215)
Droit : rentrée d'argent, bonnes nouvelles.
Renversé : joie de courte durée.

(ill. 215)

(ill. 216)

N° 6. Billet doux (ill. 216)
Droit : lettre d'amour, nouvelle agréable.
Renversé : une visite.

N° 7. Contrariété, déplaisir (ill. 217)
Droit : contrariété, contretemps.
Renversé : brouille (sur le plan sentimental ou familial).

N° 8. Chagrin, larmes (ill. 218)
Droit : affliction.
Renversé : peine mineure.

N° 9. Caquets (ill. 219)
Droit : moquerie.
Renversé : caquets d'enfants.

N° 10. Dépit (ill. 220)
Droit : jeune femme brune bénéfique.
Renversé : une jeune femme trompée.

N° 11. Espérance (ill. 221)
Droit : efforts pouvant être couronnés de succès.
Renversé : efforts inutiles.

N° 12. Ennemi (ill. 222)
Droit : un danger.
Renversé : un danger écarté.

N° 13. Empêchement (ill. 223)
Droit : une démarche amoureuse.
Renversé : une vaine démarche.

N° 14. Flatteur (ill. 224)
Droit : un jeune homme dynamique et capable.
Renversé : un flatteur dont il faudra se méfier.

N° 15. Fidélité, attachement (ill. 225)
Droit : un (des) ami (s) sincère (s).
Renversé : un (des) faux ami (s).

(ill. 217)

(ill. 218)

(ill. 219)

(ill. 220)

(ill. 221)

(ill. 222)

(ill. 223)

(ill. 224)

(ill. 225)

(ill. 226)

(ill. 227)

N° 16. Homme de loi (ill. 226)
Droit : un adversaire (avocat ou pas) redoutable.
Renversé : une défense valable.

N° 17. Inconstance (ill. 227)
Droit : retour d'une personne infidèle.
Renversé : éloignement définitif de la personne infidèle.

N° 18. Joueurs (ill. 228)
Droit : malchance au jeu.
Renversé : grave préjudice financier (*a priori,* à cause du jeu).

N° 19. L'homme pour lequel on fait les cartes (ill. 229)
Le consultant.

N° 20. La dame pour laquelle on fait les cartes (ill. 230)
La consultante.

N° 21. Mort (ill. 231)
Droit : un décès.
Renversé : perte d'un proche parent.

N° 22. Méchante femme (ill. 232)
Droit : une femme médisante.
Renversé : une femme dont les propos seraient nuisibles.

(ill. 228)

(ill. 229)

(ill. 230)

(ill. 231)

(ill. 232)

(ill. 233)

(ill. 234)

(ill. 235)

N° 23. Militaire (ill. 233)
Droit : un homme dont il faudra se méfier.
Renversé : présage de danger.

N° 24. Maison de ville (ill. 234)
Droit : grande prospérité dans les affaires.
Renversé : mauvaise tournure dans les affaires.

N° 25. Maison de campagne (ill. 235)
Droit : un agrément.
Renversé : une peine.

N° 26. Mariage (ill. 236)

Droit : présage d'un proche mariage.

Renversé : un mariage retardé.

N° 27. Maladie (ill. 237)

Droit : présage de maladie.

Renversé : un projet de mariage annulé.

N° 28. Pensée (ill. 238)

Droit : sérénité.

Renversé : problèmes.

(ill. 237)

(ill. 236)

(ill. 238)

(ill. 239)

(ill. 240)

(ill. 241)

(ill. 242)

(ill. 243)

N° 29. Présents (ill. 239)
Droit : un profit inattendu, sur le plan financier.
Renversé : un cadeau de peu de valeur.

N° 30. Perte d'argent (ill. 240)
Droit : générosité mal placée.
Renversé : un remboursement.

N° 31. Protecteur (ill. 241)
Droit : une personne dévouée, digne de confiance.
Renversé : une personne dévouée qu'il ne faudrait pas contrarier.

N° 32. Pièges (ill. 242)
Droit : réussite (ennemis déjoués).
Renversé : grave préjudice causé par ses ennemis.

N° 33. Partie de campagne (ill. 243)
Droit : présage d'accident (routier ou autre).
Renversé : une maladie grave.

N° 34. Plaisirs, divertissement (ill. 244)
Droit : présage d'une grande joie.
Renversé : un plaisir de courte durée.

N° 35. Querelle (ill. 245)
Droit : contrariété mineure.
Renversé : une intrigue négligeable.

(ill. 244)

(ill. 245)

N° 36. Retard (ill. 246)
Droit : mesquinerie.
Renversé : réussite sur le plan sentimental.

N° 37. Rentier (ill. 247)
Droit : un homme (blond) digne de confiance.
Renversé : contretemps.

N° 38. Réconciliation (ill. 248)
Droit : une réconciliation.
Renversé : une brouille.

N° 39. Révélation importante (ill. 249)
Droit : divulgation dangereuse d'un secret.
Renversé : préjudice causé par une indiscrétion.

(ill. 246)

(ill. 247)

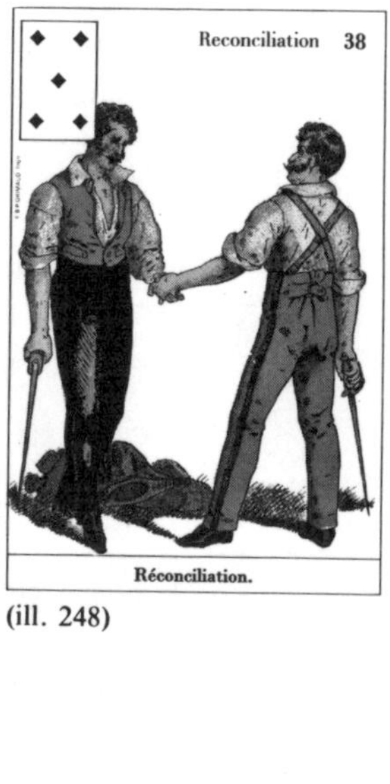

(ill. 248)

(ill. 249)

(ill. 250)

(ill. 251)

(ill. 252)

N° 40. Succès (ill. 250)
Droit : un succès majeur.
Renversé : un succès mineur.

N° 41. Surprise (ill. 251)
Droit : présage de réussite.
Renversé : un chagrin mineur.

N° 42. Tendresse (ill. 252)
Droit : une femme affable.
Renversé : déception.

(ill. 254)

(ill. 253)

(ill. 255)

N° 43. Une blonde (ill. 253)

Droit : conquête d'une femme (blonde).
Renversé : vains efforts pour une conquête.

N° 44. Une veuve (ill. 254)

Droit : perte du conjoint.
Renversé : une femme dont il faudrait se méfier.

N° 45. Un peu d'argent (ill. 255)

Droit : remboursement d'une dette.
Renversé : remboursement partiel d'une dette.

(ill. 256)

(ill. 257)

(ill. 258)

N° 46. Une lettre (ill. 256)

Droit : présage de l'arrivée d'une lettre importante. Renversé : mauvaises nouvelles.

N° 47. Un jeune homme brun (ill. 257)

Droit : un jeune homme (brun) indigne de confiance. Renversé : un ennemi (brun).

N° 48. Une brune (ill. 258)

Droit : une femme (brune) dévouée.
Renversé : une femme (brune) néfaste.

N° 49. Voleur (ill. 259)

Droit : des nouvelles apportées par une personne douteuse.
Renversé : mauvaises nouvelles.

N° 50. Voyage (ill. 260)

Droit : un voyage ou une nouvelle situation.
Renversé : un voyage ou une nouvelle situation préjudiciables.

N° 51. Visite (ill. 261)

Droit : une jeune personne superficielle.
Renversé : une personne sans joie de vivre.

N° 52. Victoire (ill. 262)

Présage de succès.

(ill. 259)

(ill. 260)

(ill. 261)

Méthode divinatoire préconisée pour la Sibylle des salons

1. Battre les cartes ;

2. Faire couper par le consultant (la consultante), en lui demandant de se servir de la main gauche ;

3. Faire tirer 35 cartes par le consultant (la consultante) ;

4. Répéter l'opération n° 3 autant de fois que nécessaire si la lame désignant le consultant (n° 19) ou la consultante (n° 20) n'a pas été retirée lors du premier tirage ;

5. La lame désignant le consultant (ou la consultante) ayant été tirée, se servir de cette carte comme point de départ pour interpréter tous les septièmes tarots ;

6. Retirer du jeu les tarots interprétés ;

7. Répéter les opérations nos 5 et 6 à plusieurs reprises, jusqu'à ce que l'une des septièmes cartes tirées soit celle qui désigne le consultant ou la consultante ;

8. Rassembler celles des 35 cartes tirées qui n'ont pas encore été interprétées, les faire couper par le consultant (la consultante) et en constituer quatre tas, égaux dans la mesure du possible ;

9. Interpréter les quatre tas de cartes, en attribuant au premier des prédictions concernant directement le consultant (la consultante), au deuxième des informations sur son foyer, au troisième sur son avenir en général et au quatrième sur les événements imprévus qui pourraient se présenter dans sa vie.

(ill. 262)

Oracle Belline

Ce jeu, conçu et dessiné par le devin Edmond vers le milieu du siècle dernier et qui se compose de 52 tarots et d'une lame supplémentaire non illustrée (considérée comme particulièrement bénéfique), doit sa renaissance au célèbre voyant Belline (ill. 6).

Les trois premières lames parlent de la destinée et de l'influence du partenaire (homme ou femme) du consultant.

Les cartes numérotées entre 4 et 10, concernant la force vitale et créatrice, ont pour objet le succès, le progrès, les honneurs, l'amitié, la santé, les faveurs...

Les tarots dont les numéros de référence se situent entre 11 et 17 annoncent le plus souvent des malheurs, mais aussi des voyages lointains.

La série des cartes entre 18 et 24 concerne les changements, les finances, les connaissances, les affaires...

Entre 25 et 31, les tarots de l'Oracle Belline offrent des interprétations dans les domaines des loisirs, de la vie sentimentale et familiale.

De 32 à 38, ce sont surtout les contrariétés, les obstacles qui peuvent être annoncés.

De 39 à 45 inclus, les lames constituent, dans leur majeure partie, des présages favorables.

Entre 46 et 52, les tarots font état, presque toujours, d'infortunes plus ou moins grandes.

La notice explicative jointe à l'Oracle Belline donne la description de quatre méthodes divinatoires. La première de celles-ci préconise le procédé suivant :

1. Battre les cartes ;
2. Faire couper par le consultant (de la main gauche) ;
3. Demander au consultant de nommer un chiffre entre 1 et 9 inclus ;
4. Retirer du jeu un nombre de cartes égal au chiffre inférieur de celui qui a été nommé et retourner la carte qui correspond au chiffre nommé (la troisième ou quatrième, etc.) ;
5. Répéter les opérations nos 4 et 5 jusqu'à épuisement des cartes coupées ;
6. Interpréter les cartes retournées, de droite à gauche.

CONCLUSION

Vous connaissez à présent le langage (ou tout au moins les éléments essentiels) de la majeure partie des tarots français. Il vous est ainsi possible de déterminer celui (ou bien ceux) que vous utiliserez. Quel que soit votre choix, n'oubliez pas ceci : la cartomancie ne doit pas être prise à la légère ! La pratique démontre que les tarots restent muets si on les interroge sans confiance, ou trop souvent, ou encore pour des futilités.

Vous avez pu remarquer par ailleurs que les tarots renversés prennent une signification totalement différente. Une précision s'impose : tous ceux qui voient dans la cartomancie une branche de la « magie blanche », autrement dit une émanation bénéfique de l'irrationnel, refusent catégoriquement l'interprétation des tarots renversés (considérés par eux comme maléfiques). Faisant donc abstraction de notre exercice Grand Etteilla (il y eut là exception à la règle uniquement à titre d'exemple), vous aurez intérêt à redresser aussitôt tout tarot tiré « dans le mauvais sens »... à moins que vous ne vouliez devenir un adepte de la « magie noire ».

Toujours dans le même ordre d'idées, je vous signale que la cartomancie traditionnelle préconise l'adoption de quelques « règles d'or » destinées à assurer le concours du « fluide individuel » du consultant pendant toute la durée de la divination. Ces règles sont les suivantes :

1. Avant la consultation, demander au consultant de « chauffer », au creux de la main gauche, le jeu complet des tarots, durant deux ou trois minutes ;

2. Veiller à ce que, au cours du tirage des lames, le consultant se serve toujours de la main gauche ;

3. Après la consultation, battre les tarots longuement avant

de les ranger, afin de les « libérer » du fluide de la personne qui vient de les consulter.

Pour terminer, je voudrais insister une dernière fois sur la nécessité de ne pas brûler les étapes. Avant d'aborder les méthodes plus complexes, ainsi que le domaine de l'association des tarots, familiarisez-vous bien avec la méthode à 5 cartes et avec les significations courantes des lames.

Il ne me reste qu'à vous souhaiter de pouvoir tirer de ces dix leçons le plus grand profit, non seulement matériel, mais aussi — et surtout — spirituel, conformément aux principes mêmes du Tarot symbolique.

BIBLIOGRAPHIE

E. DELCAMP : *le Tarot initiatique* (le Courrier du Livre).
HADÈS : *Cartes et destin* (A.M.G.).
THYLBUS : *Cartes et tarots* (Dangles).
O. WIRTH : *le Tarot des Imagiers du Moyen Age* (Tchou).

Achevé d'imprimer
le 20.1.87
par printer industria
gráfica s.a.
c.n. II, cuatro caminos, s/n
08620 sant vicenç dels horts
barcelona 1986
Depósito Legal B. 43342-1986
Pour le compte de
France Loisirs
123, Boulevard de Grenelle
Paris

Numéro d'éditeur: 12206
Dépôt légal: fevrier 1987
Imprimé en Espagne